Die Glocken der Stadtpfarrkirche Leutershausen

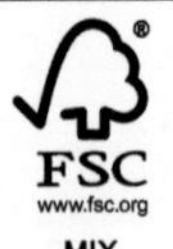
FSC
www.fsc.org
MIX
Papier aus verantwortungsvollen Quellen
Paper from responsible sources
FSC® C105338

Rainer Schulz (Hg.)

Die Glocken der Stadtpfarrkirche Leutershausen

Zwei Handschriften von
Friedrich Fröhlich
1924 und 1936

Friedrich Fröhlich.
Lehrer u. Kantor.

Kommentiertes Transkript (Hg.)

Leutershausen / Neuendettelsau 2024

Der Autor / Hg.

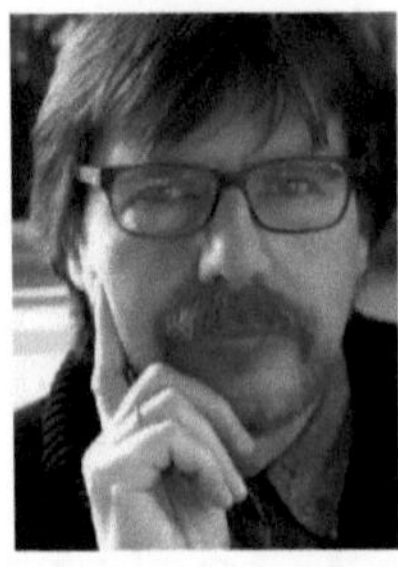

Rainer Schulz, * 1954, Dr. theol., wirkte als evang.-luth. Gemeindepfarrer in Chile (1986–1995) und Bayern, zuletzt in Leutershausen, Mittelfranken.
Zum 500. Reformationsjubiläum 2017 erarbeitete er eine Quellensammlung über »Das Jahrhundert der Reformation im Dekanat Leutershausen«, sowie 2024 eine mehrbändige Stadtarchiv-Dokumentation über die Zeit der nationalsozialistischen Herrschaft in Leutershausen, gefolgt von einer kommentierten Neuherausgabe des von Hans Wild 1926 verfassten stadtgeschichtlichen »Heimatbuches«, sowie eine kommentierte Herausgabe von Vorkriegs-, Kriegs- und Nachkriegsschriften des ehemaligen Leutershausener Dekans Gottfried Blendinger und seiner Ehefrau Luise.

Impressum

Titelbild (Foto: Hg.): Kirchturm St. Peter Leutershausen

Herstellung und Verlag: BoD – Books on Demand, Norderstedt
ISBN: 9783759 749406

Inhalt

Vorwort (Hg.)

Die folgende Edition zweier Texte des ehemaligen Leutershausener Schulleiters Friedrich Nikolaus Fröhlich (1892–1971) beruht auf Originalhandschriften Fröhlichs aus dem Archiv des evang.-luth. Dekanats in Leutershausen, Mittelfranken. Sie wurden 1924 und 1936 verfasst und beschäftigen sich auf der Grundlage alter Urkunden und Archivtexte aus Kirchengemeinde- und Stadtarchiv mit der Geschichte der Glocken im Turm der St.-Peter-Kirche, Leutershausen.

Beide Texte dokumentieren einen Wissens- und Erkenntnisstand zur Leutershausener Kirchenglockengeschichte aus der Zeit zwischen 1924 bis 1936. Als solche haben sie die Qualität eines stadt- und kirchenhistorischen Erbes, das es wahrzunehmen und zu bewahren gilt.

Den Originaltexten wurden im Folgenden Inhaltsverzeichnis, erläuternde Kommentare, ein Sachregister und Faksimile-Auszüge des Originaldokuments beigefügt. Den laufenden Text unterbrechende Anmerkungen Fröhlichs wurden zugunsten einer leichteren Lesbarkeit wo möglich in Fußnoten versetzt.

Beide Abhandlungen schrieb Fröhlich akkurat in altdeutschpreußischer Sütterlin-Schrift und fügte mehrere Abzeichnungen von Glockeninschriften und Glockenverzierungen aus eigener Hand hinzu. Da die Kenntnis der Sütterlinschrift mehr und mehr nachlässt, wurden Fröhlichs verdienstvolle Aufzeichnungen nun in modernen Schriftsatz übertragen.

Rainer Schulz (Hg.)

TEIL I

1924

Die Glocken

der Stadtpfarrkirche

in Leutershausen

Hinweise zu Teil 1: 1924 (Hg.)

Unter den Archivalien des evangelisch-lutherischen Dekanats Leutershausen (Mittelfranken) befindet sich das Original eines kleinen Schriftstücks, das »Lehrer und Kantor« Fritz Fröhlich dem Dekanat überlassen hat. Es ist datiert mit dem 2. August 1924, mit dem Ortsnamen Wassermungenau versehen und trägt den Titel »Die Glocken der Stadtpfarrkirche in Leutershausen«.

Das Dokument beschreibt die Leutershausener St.-Peter-Kirchenglocken zum einen nach ihrem »Klangwert«, zum anderen nach ihrem »Geschichtswert«. Fröhlich resümiert:

> »Die sämtlichen Glocken besitzen musikalischen und historischen Wert« und bilden »ein harmonisch-melodisches« bzw. »äußerst dankbares Moll-Durgeläute«, das »hinsichtlich seiner Melodiebildung [e – g – a] mit Recht das Te-Deum der Glocken genannt« werde.[1] Die Glocken seien »sehr sauber gegossen, ihre Inschriften sauber ausgeführt«, und ihre Verzierungen entsprächen »echter kirchlicher Kunst«.

Wegen ihres besonderen Wertes seien sie von den im Kriegsjahr 1917 verfügten Glockenenteignungen verschont geblieben.

Rainer Schulz (Hg.)

---

1 Mit diesen 3 Tönen beginnt der sog. ambrosianische Lobgesang, das »Te Deum« (vgl. Evangelisches Gesangbuch Nr. 191).

[Einführung, Fr. Fröhlich]

Das Kirchengeläute der Stadtpfarrkirche zu Leutershausen umfaßt 4 Glocken, welche in der geräumigen Glockenkammer des Turmes untergebracht sind und in einem festen, aus massiven Balken zusammengefügten, gut konstruierten Glockenstuhl[2] hängen.

Je 2 Glocken hängen übereinander u. zw. [= *und zwar; Hg.*] gegen die östliche Turmmauer die große Glocke, darunter in einem besonderen Balkenwerk die Taufglocke, gegen Westen die Elfuhrglocke[3], unter dieser die sog. »neue Glocke«.

Die Glocken schwingen beim Läuten in der Nord-Süd-Richtung, so daß sich die Schallwellen vornehmlich gegen Stadt und Altmühlgrund ausbreiten.

---

2 Anm. Hg.: Seinerzeit handelte es sich noch um einen hölzernen Glockenstuhl, der später durch einen eisernen ausgewechselt wurde.

3 Anm. Hg.: »Das 11-Uhr- oder das 15-Uhr-Läuten kann zur Erinnerung an das Heilsgeschehen des Karfreitags geschehen. Hierbei ertönt bei kleineren Geläuten (bis vier Glocken) das Vollgeläut, bei größeren Geläuten ein Teilmotiv. Diese Art des Läutens ist eher im süddeutschen Raum sowie in Österreich und in der Schweiz verbreitet.« https://de.wikipedia.org/wiki/L%C3%A4uteordnung Zugriff: 13.09.2018.

3 Glocken des Geläutes dienen neben ihrem liturgischen Gebrauch auch als Uhrglocken:

- die Taufglocke als Viertelstundenglocke,
- die Elfuhrglocke als Stundenglocke
- und die große Glocke zur Wiederholung des Stundenschlages.

Die sämtlichen Glocken besitzen musikalischen und historischen Wert.

I. Der Klangwert des Geläuts

Die große Glocke

Sie zeigt bei einem unteren Durchmesser von 1,40 m und einer Schlagringstärke[4] von 10 cm folgendes Klangbild: Unterton[5] e, Grundton[6] e1, Schlagton e1. Der Schlagton e1 fällt mit der zweiten Konstante (Grundton, 1. Rington oder Hilfston e1) zusammen und bildet den Hauptton e1, nach Pariser Stimmung[7] (a1 = 435) etwas tief. 1. Oberton[8] g1, 2. Oberton[9] h1, 3. Oberton[10] e2. Die Glocke läßt mithin die Harmonie eines Mollakkordes [= e g h] erklingen.[11]

---

4 Anm Hg.: »Der Schlagring ist der unterste Teil der Glocke, an dem sie ihre größte Wandstärke besitzt, die Schlag genannt wird. Beim Läuten der Glocke muss der Klöppel genau hier anschlagen.« https://de.wikipedia.org/wiki/Glockenrippe (Zugriff 13.09.2018).

5 Anm Hg.: Alternative Bezeichnung: Unteroktave.

6 Anm Hg.: Alternative Bezeichnung: Prim.

7 Anm Hg.: »Durch ein zunehmend interregionales und internationales Musikleben wuchs das Bedürfnis nach einem einheitlichen Stimmton. Im Jahr 1788 einigte man sich zunächst in Paris auf 409 Hz für das eingestrichene a, die (frühe) Pariser Stimmung. Später wurde dort 1858 durch die französische Akademie, unter Napoleon III., der Kammerton a′ dann auf 435 Hz festgelegt (mit der damaligen Bezeichnung als ›435 Doppelschwingungen pro Sekunde‹), für Frankreich gesetzlich eingeführt und in benachbarten Ländern übernommen.« https://de.wikipedia.org/wiki/Kammerton (Zugriff 13.08.2018).

8 Anm Hg.: Alternative Bezeichnung: Terz.

9 Anm Hg.: Alternative Bezeichnung: Quint.

10 Anm Hg.: Alternative Bezeichnung: Oberoktave.

11 Anm. Hg.: Zusammenfassung: a) Schlagton = e1; b) Prim oder Grund-, Ring-, Hilfston = e1; c) Terz oder 1. Oberton = g1; d) Quint oder 2. Oberton = h1; e) Oberoktave oder 3. Oberton = e2; f) Unteroktave oder Unterton: e2.

Bei dem großen Volumen der tönenden Metallmasse (Gew. [= *Gewicht; Hg.*] der Glocke schätzungsweise ca. 35 Ztr.) ist der Ton entsprechend dem hierüber geltenden physikalischen Gesetz von der kinetischen Energie sich bewegender Massen sehr voll und weittragend.

Da ferner die große Metallmasse die Glocke verhindert, sich beim Ertönen in eine große Anzahl von kleineren schwingenden Teilen zu zerlegen, so werden dadurch die höheren, dissonanten Obertöne ausgeschaltet.

Hingegen gewinnen die unteren 5 Nebentöne, auf denen am meisten die Schönheit der Harmonie einer Glocke beruht, einen bedeutenden Zuwachs von energischer, aber weicher und wohlabgerundeter Kraft und klarer Reinheit. Der Ton der Glocke ist ernst, majestätisch und sichert dem Geläute ein solides Fundament.

Die Elfuhrglocke

Sie besitzt bei einem unteren Durchmesser von 1,12 m und einer Schlagringstärke von 8 cm den Hauptton g1. Beim Zusammenläuten dieser Glocke mit der großen Glocke verstärken sich der 1. Oberton der großen Glocke g1 und der Hauptton g1 der Elfuhrglocke zur angenehm klingende Mollterz [= e g] des Hapttons e1 der großen Glocke.

Die »neue« Glocke

Sie hat bei einem unteren Durchmesser von 0,89 m und einer Schlagringstärke von 6,4 cm den Hauptton a1 mit der keinen Oberterz[12] c2. Auch der Klang dieser Glocke ist gut.

[12] Anm Hg.: Die »Oberterz« ist hier die Terz über dem a, also das c.

Die Taufglocke

Sie läßt bei einem unteren Durchmesser von 0,70 m und einer Schlagringstärke von 5 cm den Hauptton e2 und dessen kleine Oberterz g2 erklingen, bildet also die Oktave zur großen, die Quinte zur »neuen« Glocke. Soll ein vierstimmiges Geläute wirkungsvoll sein, so darf innerhalb desselben das Intervall einer Septe unter keinen Umständen überschritten werden.

Die Kombination e1, g1, a1, e2 ist daher nicht empfehlenswert, schon deshalb nicht, weil die Oktave e1–e2 und die Quinte a1–e2 inhaltsleere Intervalle bilden und die beiden kleineren Glocken mit guter Wirkung nicht allein zusammengeläutet werden können. Mit Recht wird daher als volles Geläut nur e1, g1, a1 gebraucht.

Als Hauptton einer 4. Glocke käme für dieses Geläute meines Erachtens einzig und allein der Ton h1 in Frage. Ein diesbezüglicher Umguß der Taufglocke erscheint jedoch im Hinblick auf den hohen Geschichtswert der Glocke nicht angebracht.

Das volle Geläute zeigt mithin in seiner unteren Hälfte e1 g1 harmonische, in seiner oberen Hälfte g1 a1 melodische Struktur und bildet sonach ein harmonisch-melodisches Geläute. Die Kombination e1 g1 a1 ist als ein äußerst dankbares Moll-Durgeläute zu bezeichnen und wird hinsichtlich seiner Melodiebildung mit Recht das Te Deum der Glocken genannt (cf. Gsngbch. Nr. 1)[13]:

---

[13] Anm. Hg.: cf. = *conferatur, lateinisch: man vergleiche*. Gsngbch = *Gesangbuch*. Der damaligen Nr. 1 entspricht im heutigen Gesangbuch der evang.-luth. Kirche in Bayern die Nr. 191.

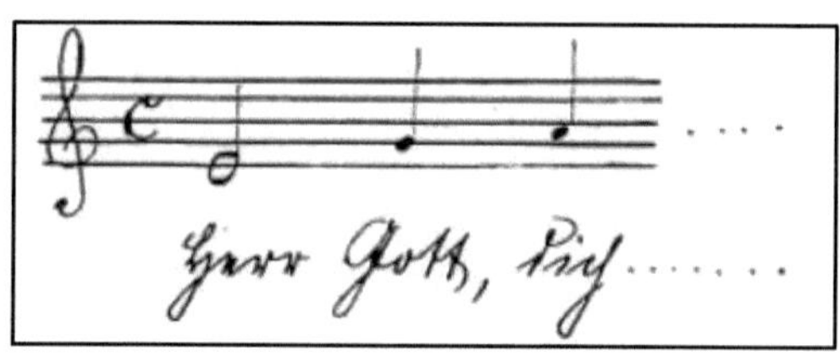

Bild 1: Glockenmotiv E-G-A (Te Deum)

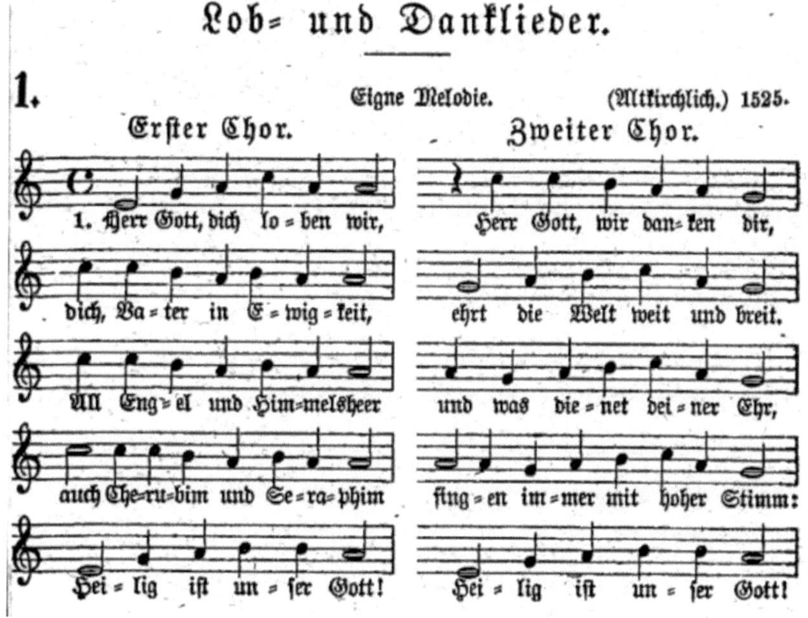

Bild 2: Anm Hg.: Auszug Ev.-Luth. Gesangbuch, 1885, Nr. 1

II. Der Geschichtswert des Geläutes

Das Geläute ist sehr alt und besitzt geschichtlichen Wert, da 3 Glocken desselben (große Glocke, Elfuhrglocke und Taufglocke) aus vorreformatorischer Zeit stammen und dem Blütezeitalter der Glockengießerkunst angehören, nämlich der Zeitperiode von 1400 bis 1550. Als zuverlässigen Altersausweis trägt die große Glocke die Jahreszahl 1517 zweimal auf der Flanke, die Taufglocke am Halse den Namen des Meisters Christoph und dazu den Ort des Gusses Nürnberg.

Der Elfuhrglocke fehlt leider ihr genauer Altersausweis. Nach ihrer gotischen Minuskelschrift, die sie am Halse trägt, stammt sie aus dem 15. Jahrhundert und ist möglicherweise als die älteste Glocke des Geläutes anzusprechen.

Die 3. Glocke wurde 1780 von Johann Ernst Lösch in Crailsheim gegossen, ist also gegenüber den 3 alten Glocken neueren Datums und daher im Volksmunde noch jetzt »neue Glocke« genannt.

Die Inschriften der Glocken sind folgende:

1. Die große Glocke

TV · ES · PETRVS SVPER · HANC · PETRAM
EDIFICABO · ECCLESIAM ET · PORTE · INFERI ·
NON · PREVALEBVNT ADVERSVS · EAM

Bild 3: Inschrift »Große Glocke"

Die Inschrift läuft in einer einzigen Zeile rings um den Glockenhals. Sie besteht aus gotischen Minuskeln und lautet in deutscher Übersetzung: »*Du bist Petrus, und auf diesen Felsen will ich bauen meine Gemeine, und die Pforten der Hölle sollen sie nicht überwältigen*«[14] (Ev. Matth. 16, 18). Auf der Flanke trägt die Glocke zweimal das Bild des Apostels Petrus, dabei in arabischen[15] Ziffern die Jahreszahl 1517. Die Glocke ist also dem Schutzpatron[16]

---

14 Anm. Hg.: Der Doppelvokal aus »a« und »e« (ae bzw. æ) wird in der Umschrift des Vulgata-Zitats dreimal auf ein »e« verkürzt (edificabo statt aedificabo; porte statt portae; prevalebunt statt praevalebunt). Außerdem werden zwei Wörter ausgelassen: a) das »et« vor »super; b) das »meam« nach »ecclesiam«.

15 Anm Hg.: Die wohl eher beiläufige Hervorhebung der Ziffern als »arabisch« erinnert an den progressiven Übergang von den römischen Zahlen zu den – korrekter ausgedrückt – »indo-arabischen« Ziffern, deren Gebrauch sich durch die Mauren in Spanien, aber auch beeinflusst durch Handel und Kreuzzüge sowie im beginnenden 13. Jahrhundert durch das Traktat »Liber Abaci« des Leonardo Fibonacci aus Pisa mehr und mehr durchsetzte, zunächst allerdings noch gegen den Widerstand der römisch-katholischen Kirche. Endgültig behaupteten sich die indo-arabischen Ziffern durch die Drucker-Erfindung von Johannes Gutenberg (ca. 1400–1468) und das sich damit rasch überallhin verbreitende Schrifttum, darunter auch Rechentafeln, mathematische Werke u. ä. m.

16 Anm Hg.: Dass gerade Petrus das Patronat über diese Kirche anheimgestellt wurde, mag daran liegen, dass er »der bevorzugte Heilige des karolingischen

der Kirche geweiht und würde deshalb besser »St. Petrusglocke« statt Große Glocke genannt werden.

Der Name ihres Meisters und ihr Gußort sind unbekannt. Zweifellos wurde sie wie auch die Elfuhrglocke in Nürnberg gegossen.

Der Schlagring der Glocke zeigt, daß sie schon einmal 90° um ihre Vertikalachse gedreht wurde, um dem Klöppelbalken eine neue Auffangstelle zu geben.

Hauses war«, wie auch »der Patron von Kirchen an Malstätten«, also an »alte[n] deutsche[n] Gerichtsstätten, wo in öffentlichen Versammlungen unter freiem Himmel Streitigkeiten entschieden und wichtige Beschlüsse gefasst wurden.« OTTO ROHN, Der Historiker Dr. Helmut Weigel und die Frankenhöhe, in: Die Brücke (Heimatverein Leutershausen) (1985) Bd 6 / 2.

2. Die Elfuhrglocke

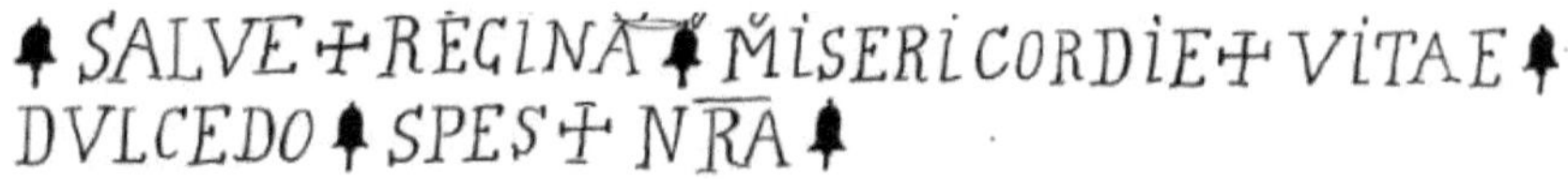

Bild 4: Inschrift Elfuhrglocke

Die gotische Minuskelschrift, in einer Zeile rings um den Glockenhals laufend, lautet in deutscher Übersetzung: »*Sei gegrüßt! Königin des Mitleids, Süßigkeit des Lebens, unsere Hoffnung.*« Die Abkürzung NRA = nostra ist bedingt durch die Peripherie des Glockenhalses.

Die Glocke ist also eine Marienglocke, wie auch ihre Flanke mit dem Bilde der hl. Jungfrau geschmückt ist. Vielleicht wäre statt Elfuhrglocke die Bezeichnung »Salve regina-Glocke« richtiger.

3. Die »neue Glocke«

ZV·GOTTES·LOB·VND·EHR·GOS·MICH·JOHANN
ERNST·LÖSCH·ZV·CREILSHEIM·NACHHER·LEV-
TERSHAVSEN 1780.

Bild 5: Inschrift »Neue Glocke«

Johann Ernst Lösch war ein bedeutender Meister des Glockengusses im 18. Jahrhundert. Werke seiner Kunst sind ziemlich zahlreich vorhanden.

Die Glocke ist an Hals und Flanke sehr schön geschmückt mit gotischen Bögen, Engelfiguren, Trauben, Zickzackornamenten.

Auf der Flanke weist die Glocke auf der einen Seite eine schöne Kreuzigungsgruppe auf, darunter eine aufgegossene Glocke als Abzeichen des Gießers, auf der anderen Seite erblickt man das markgräfliche-brandenburgische Wappen mit der Umschrift[17]:

CHRISTIAN
FRIEDRICH·CARL·ALEXAND·MARKGRAF·ZV·BRANDEN-
BVRG.

[17] Anm Hg.: »Christian Friedrich Carl Alexander, Markgraf zu Brandenburg.

4. Die Taufglocke

✝ZV·GOTTES·LOB·VND·DIENST·GEHOR·ICH ✝
CHRISTOF·GLOCKENGIESSER·ZV·NVRMBERG·GOS·
MICH·

Bild 6: Inschrift Taufglocke

Christoph Glockengießer, von dem mehrere Werke bekannt sind, ist in Nürnberg nachgewiesen um 1580. Sicher stand dieser namhafte Meister in verwandtschaftlicher Beziehung zu dem berühmten Hans Glockengießer, dem Schöpfer der 76 Ztr. schweren Domglocke in Eichstätt. Aus dem gleichen Gießergeschlechte stammte auch Conrad Glockengießer.

Diese Meister gehören dem rühmlich bekannten Geschlecht der Rosenhart, gen. [= *genannt; Hg.*] »Glockengießer« an. Deren Haus stand zu Nürnberg in der Königstraße und hieß noch bis vor nicht allzu langer Zeit »der Glockenstuhl«.

Höchstwahrscheinlich war es dieselbe Gießerei, aus der auch die große Glocke zu Geslau hervorging; denn auf deren Hals ist die Umschrift zu lesen:

»anno $\overline{\text{dm}}$[18] MCCCCXXV ocb[19] Opus fecit magister petrus in nurnberg am vor frawen Tor et cetera $\overline{\text{ora}}$.[20]«

[18] Anm. Hg.: anno $\overline{\text{dm}}$ = anno Domini = lat., Im Jahr des Herrn.

[19] Anm. Hg.: MCCCCXXV ocb = 1425 Oktober. Korrekt wäre: MCDXXV.

[20] Anm. Hg.: $\overline{\text{ora}}$ = opera = lat. Werke.

Die sämtlichen Glocken des Geläutes sind sehr sauber gegossen, ihre Inschriften sauber ausgeführt und ihre Verzierungen entsprechen echter kirchlicher Kunst. Sie besitzen kunstgewerblichen Wert, weshalb sie denn auch von der Enteignung gem. Verordn. v.[21] 1.III.1917 verschont blieben.[22]

21 Anm. Hg.: gem. Verordn. v. = gemäß Verordnung vom.

22 Anm Hg., Vgl. die Folgeverordnung vom Mai 1917: »Verordnung des Ministeriums für Landesverteidigung im Einvernehmen mit den beteiligten Ministerien und im Einverständnisse mit dem Kriegsministerium vom 22. Mai 1917, betreffend die Inanspruchnahme von Glocken für Kriegszwecke. […] § 2. Ausgenommen von der Inanspruchnahme sind Glocken […] von besonderem künstlerischen oder historischen Werte, zu dessen Feststellung die Organe des Staats-Denkmalamtes berufen sind. Bei Glocken der letzterwähnten Art erfolgt in zweifelhaften Fällen die Entscheidung durch das Ministerium für Kultus und Unterricht, das sie dem örtlich zuständigen Militärkommando mitteilt« MINISTERIUM FÜR LANDESVERTEIDIGUNG, Verordnung: Inanspruchnahme von Glocken für Kriegszwecke (Reichsgesetzblatt für die im Reichsrate vertretenen Königreiche und Länder) 1917-05-22, 586.

Übersicht

Name	**1. Große Glocke**	**2. Elf-Uhr-Glocke**	**3. »Neue« Glocke**	**4. Tauf-Glocke**
Durchm.	1,40 m	1,12 m	0,89 m	0,40 m
Schlag-ring-Stärke	10 cm	8 cm	6,4 cm	5 cm
Schlagton	e2	g1	a1	e2
Alter	1517	um 1450	1780	um 1580
Gießer	Nürnberg?	Nürnberg?	Crailsheim	Nürnberg
Gewicht	ca. 35 Ztr.	ca. 17 Ztr.	ca. 8 Ztr.	ca. 6 Ztr.
Inschrift	Tu es petrus hanc petram edificabo ecclesiam et porte inferi non prevalebunt adversus eam	Salve regina misericordie vitae dulcedo spes nra	Zu Gottes Lob und Ehr goß mich Johann Ernst Lösch zu Crailsheim nachher Leutershausen	Zu Gottes Lob und Dienst gehör ich, Christoph Glockengießer zu Nürnberg goß mich

Zeichnungen (Einschub Hg.)

Ornament auf der Großen Glocke

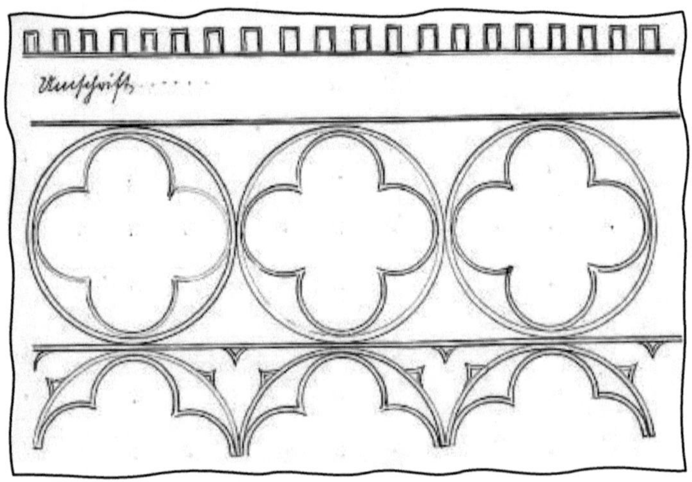

Bild 7: Ornament Große Glocke (Abzeichnung Fröhlich)

Ornament auf der »neuen Glocke«

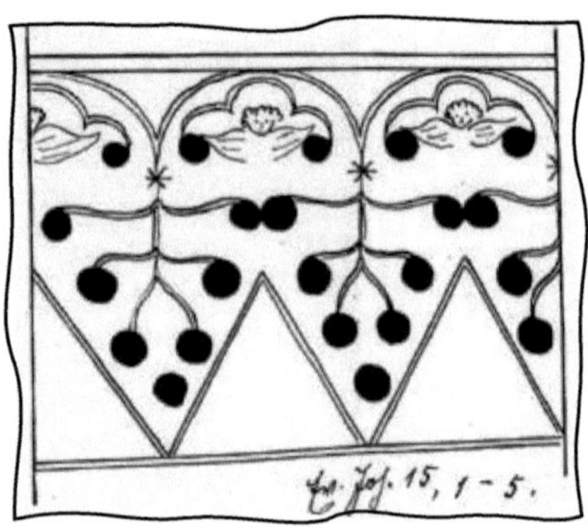

Bild 8: Ornament »Neue Glocke« (Abzeichnung Fröhlich) zu Joh. 15,1–5

Johannes 15, 1–5: »*1 Ich bin der wahre Weinstock und mein Vater der Weingärtner. 2 Eine jede Rebe an mir, die keine Frucht bringt, nimmt er weg; und eine jede, die Frucht bringt, reinigt er, dass sie mehr Frucht bringe. 3 Ihr seid schon rein um des Wortes willen, das ich zu euch geredet habe. 4 Bleibt in mir und ich in euch. Wie die Rebe keine Frucht bringen kann aus sich selbst, wenn sie nicht am Weinstock bleibt, so auch ihr nicht, wenn ihr nicht an mir bleibt. 5 Ich bin der Weinstock, ihr seid die Reben. Wer in mir bleibt und ich in ihm, der bringt viel Frucht; denn ohne mich könnt ihr nichts tun.*«

Faksimile-Auszug

Wassermungenau, den 2. August 1924.

An

das evang. luth. Dekanat

Leutershausen.

Betreff: Die Glocken der Stadtpfarrkirche in Leutershausen.

Das Kirchengeläute der Stadtpfarrkirche zu Leutershausen umfaßt 4 Glocken, welche in der geräumigen Glockenkammer des Turmes untergebracht sind und in einem festen, aus massiven Balken zusammengefügten, gut konstruierten Glockenstuhl hängen. Je 2 Glocken hängen übereinander u. zw. gegen die östli-

Bild 9: Schriftseite in Sütterlin von Friedrich Fröhlich

TEIL 2

1936

Die große St.-Petersglocke auf dem Turm
der Stadtpfarrkirche in Leutershausen
und ihr Meister
Christoph Glockengießer von Nürnberg

Hinweise zu Teil 2: 1936 (Hg.)

Das folgende Kapitel gibt, so der Autor Friedrich Fröhlich 1936, einen »Beitrag zur Heimat-Glockenkunde unter Verwendung des reichen Urkundenmaterials im Stadtarchiv« wieder. Die Widmung lautet: »*Der Schule Leutershausen zugeeignet von Friedrich Fröhlich, Hauptlehrer, 17.4.1936*«. Laut einer Anmerkung auf dem Titelblatt wurde das durchgängig in Sütterlin geschriebene Manuskript mit Datum »*Ansbach, 30.9.6x*« durch Friedrich Fröhlich an »*Herrn Dekan u. Kirchenrat Schreiber übergeben*«. Dieser habe es dann, so ein späterer Eintrag anderer Handschrift, 1977 »an das Dekanat übergeben«.

Die Schrift hat zwei Abschnitte: Abschnitt A: »*Die große St. Petersglocke auf dem Turm der Stadtpfarrkirche in Leutershausen und ihr Meister Christoph Glockengießer in Nürnberg.*«[23] Abschnitt B: »*Der Glockenguß zu Frommetsfelden und die Geschichte der 3. Glocke auf dem Turm der Stadtpfarrkirche in Leutershausen.*«[24]

Im Unterschied zum Vorläufertext von 1924, der sich – allerdings deutlich kürzer – mit allen *vier* Glocken im Turm der St.-Peter-Kirche Leutershausen befasste, widmet sich der Text von 1936 ausschließlich und ausführlicher nur *zwei* Glocken.

Rainer Schulz (Hg.)

---

[23] Im Original: Seite 1–25.

[24] Im Original: Seite 25–51.

Vorbemerkungen und Literaturnachweis (Fröhlich)

Die große St. Petersglocke auf dem Turm der Stadtpfarrkirche in Leutershausen und ihr Meister Christoph Glockengießer von Nürnberg.

Die vorstehende Arbeit bildet einen Beitrag zur Geschichte von deutscher Glockengießerkunst und stellt eine Bearbeitung der Urkunden von dieser Glocke dar, welche sich im Archiv der Stadt Leutershausen befinden. Vor allem enthält Band 46 der umfangreichen Rathausregistratur wertvolles Urkundenmaterial auf den Seiten 142 bis 158.

> *»Acta Die Glocken in dem Kirchenthurn, sonderlich aber die von Andreas Lindner, statt der zersprungenen gegossenen neuen Gebet Gloken betr. a. 1545. 1734 u. 1735.«*

Auf den Seiten 142 u. 143 steht die Abrechnung der Stadt Leutershausen mit Christoph Glockengießer in Nürnberg vom 16.12.1545. Die Urkunden auf S. 144 bis 158 berichten vom Umguß der 3. Glocke im Jahre 1735 durch den wandernden Stück- und Glockengießer Andreas Lindner von Regensburg. Eine Bearbeitung dieser Urkunden enthält meine Abhandlung:

> *Der Glockenguß zu Frommetsfelden 1735.*

Band 12 des Stadtarchivs Leutershausen enthält die Amtsbeschreibung des Stadtvogtes Wolfgang Tob. Weiß v. Jahre 1757. Der Abschnitt »*Die Stadt Kirche*« enthält kurze, jedoch beachtenswerte Angaben über die Glocken. Sie stützen sich auf die Urkunden, Bd. 46, S. 142–158 sowie auf die Akten, Bd. 48. 48,

S. 743–770 betr. Umguß der 3. Glocke im Jahre 1780 durch Glockengießermeister Joh. Ernst Lösch in Crailsheim. Soweit in dem vorstehend erwähnten Urkundenmaterial Unrichtigkeiten konstatiert werden konnten, wurden sie vermerkt.

Erwähnt sei ferner das

Heimatbuch für Leutershausen und Umgebung

verfaßt auf Grund der Rathausakten von Oberlehrer Hans Wild 1926. Auf S. 46 u. 47 sind kurz die Glocken geschildert mit dem wertvollen Hinweis auf Bd. 12, 46 u. 48 des Stadtarchivs.

Weitere Hilfsmittel sind im Verlauf der Arbeit gelegentlich genannt.

Die St.-Peter-Glocke

1517.
+ TV ES PETRVS SVPER HANC PETRAM
EDIFICABO ECCLESIAM
🔔 ET PORTE INFERI + NON PREVALEBVNT
🔔 ADVERSVS EAM

[Anmerkungen Fröhlichs zum Titel dieses Absatzes]

Matth. 16, 18: »Du bist Petrus, und auf diesen Felsen will ich bauen meine Gemeine, und die Pforten der Hölle sollen sie nicht überwältigen.«

Die Stadtpfarrkirche zu Leutershausen, urkundlich schon 1329 genannt[25], ist St. Peter geweiht. Es ist darum sinnreich, daß die große Glocke das Bibelwort Matth. 16, 18 als Inschrift und das Reliefbildnis des Apostels Petrus als Schmuck trägt. Man denkt an die nahezu 500 Ztr. schwere St. Petersglocke auf dem Südturm des Kölner Domes, gegossen 1923 von Heinrich Uhrig zu Golder, die auch mit dem Reliefbildnis das Petrus geziert ist, sowie mit dem Glockenspruch:

»St. Peter bin ich genannt, / Schütze das deutsche Land, /
Geboren aus deutschem Leid / Ruf ich zur Einigkeit!«[26]

Es liegt nahe, die größte Glocke dem Schutzpatron der Kirche zu weihen. 1415 goß Seyfrid campanifex[27] zu Nürnberg die 44

25 Anm. Fröhlich: Stadtarchiv Bd., 45. Bl. 11. Wild, Heimatbuch, S. 42 u. 43.

26 Anm. Fröhlich: Vgl. F. Fröhlich. Ein Besuch bei der »Deutschen Glocke am Rhein«. Windsbacher Kirchenbote, 7. Jhrg. Nr. 10. Okt. 1926. S. 57.

27 Anm. Hg.: »campanifex«, lat. für Glockenmacher.

Ztr. schwere Glocke der Stadtpfarrkirche St. Johannis in Schwabach und schmückte sie durch das Wort Johannes des Täufers EGO VOX CLAMANTIS. IN DESERTO PARATE VIAM DOMI. »Ich bin die Stimme eines Predigers in der Wüste: bereitet den Weg des Herren!«.[28]

In vorreformatorischer Zeit wurden häufig Evangelistenglocken gegossen mit den Namen der 4 Evangelisten. Noch zahlreicher sind die Marienglocken aus der Zeit vor der Reformation mit der Engelgrußinschrift

AVE MARIA GRACIA PLENA DOMINVS TECVM.

Die 2. Glocke auf dem Kirchturm zu Leutershausen, eine Marienglocke aus vorreformatorischer Zeit, wohl aus dem 15. Jahrhundert, trägt am Glockenhals die Umschrift

🔔 SALVE REGINA 🔔 MISERICORDIE + VITAE 🔔
DVLCEDO 🔔 SPES E NRA.

Die Buchstaben sind gotische Minuskeln. Diese Glocke ist die älteste des Geläutes. Wolfgang Tobias Weiß gibt 1757 in seiner Amtsbeschreibung an, daß die Glocke 18,52 Ztr. wiege und zu Nürnberg gegossen worden sei.[29] Beide Angaben mögen richtig sein (Dchm. der Glocke = 1,12 m; Stärke des Schlagringes = 0,08m). Woher Stadtvogt W. F. Weiß Gewichte und Gußort dieser Glocke kennt, ist unbekannt. Mit Einführung der Reformation wurden für evg. Kirchen keine Marienglocken mehr gegossen. In Leutershausen fand die Reformation nach 1554

---

28 Anm. Fröhlich: Vgl. F. Fröhlich. Die Glocken von Schwabach. Schwabacher Heimatbuch. Bd. I. S. 12–18.

29 Anm. Fröhlich: Stadtarchiv Bd. 12. Wild, Heimatbuch, S. 47.

Eingang.[30] 1575 wollte man daher keine Marienglocke mehr anschaffen und weihte darum die neue Glocke dem Apostel Petrus, dem Schutzpatron der Kirche.

Die Inschrift der St. Petersglocke läuft in einer einzigen Zeile rings um den Glockenhals. Sie besteht aus gotischen Minuskeln[31] und wird wie bei allen Glocken aus dem 14. bis 16. Jahrhundert durch das griechische Kreuz + eröffnet.[32] Kleine aufgegossene Glöckchen trennen die Sätze. Unter der Umschrift ist die Glocke durch ein prächtiges gotisches Ornament geschmückt, das um den Obersatz der Glocke läuft. Unter jedem Vierpaß befindet sich ein gotischer Bogen mit Maßwerk. Als weiteren Schmuck trägt die Glocke auf der Flanke das Relief-Bildnis des Apostels Petrus.

---

30 Anm. Fröhlich: Wild, Heimatbuch, S. 114.

31 Anm. Fröhlich: Die gotische Minuskelschrift, auch eckige Minuskelschrift oder Gitterschrift genannt, kommt auf Glocken vereinzelt schon von 1360 ab vor, hauptsächlich war sie jedoch im 15. und 16. Jahrhundert üblich. Sie ist eine Schriftart, die nicht immer leicht zu lesen ist. Walter, Glockenkunde, S. 151.

32 Anm. Fröhlich: Es war eine fromme Sitte der mittelalterlichen Glockengießer, bei der Aufmauerung der Glockenform und bei der Anbringung der Wachsmodelle für die Verzierungen und Inschriften als erstes Zeichen das Kreuz auf das Glockenmodell zu setzen. Als um das Jahr 1500 der Hexenglaube und die Hexenprozesse mehr und mehr überhand nahmen, ist dieses Kreuz auf Glockeninschriften gar häufig verschwunden. An seine Stelle traten Salbeiblätter. Nach dem Aberglauben der Glockengießer damaliger Zeit sollte durch die Salbeiblätter der böse Einfluß der Hexen bei der Aufmauerung der Glockenform und im Augenblick des Gusses ferngehalten werden.[32] – Im Südturm der Stiftskirche zu Feuchtwangen hängt eine kleine Glocke von 1672, die unter ihrem Schriftband 3 sehr sauber ausgeführte Salbeiblätter zeigt. Vgl. F. Fröhlich, Die Glocken auf dem Südturm der Stiftskirche in Feuchtwangen. Heimatkunde. Monatl. Beilg. z. »Bayer. Grenzboten«. Feuchtwangen. Nr. 10 v. 15.10.1931. S. 3 u. 4 und Nr. 4 v. 15.4.1932. S. 3.

Die St. Petersglocke zu Leutershausen trägt auf ihrer Flanke die Jahreszahl 1517 in arabischen Ziffern, und Stadtvogt Wolfgang Tobias Weiß bezeichnet in seiner Amtsbeschreibung 1757 das Jahr 1517 als Gußjahr der Glocke.[33] Diese Angabe stimmt nicht. Die Glocke wurde vielmehr im Jahre 1575 von Christoph Glockengießer in Nürnberg gegossen, wie aus der noch vorhandenen Abrechnung[34] hervorgeht:

> *»Actum, den 16. Decembris Anno 1575. Ist mit H. Christoph glockengiesser zu Nuremberg der Alten mit Neuen glocken. allerdings abgerechnet worden, im beisein bider heilig pfleger, H. pfarrers, vndt Castners. zu Collmberg.«*

Wäre die Glocke 1517 gegossen worden, so hätte also nach der Rechnung von 1575 der Meister nahezu 60 Jahre auf Bezahlung warten müssen. Das ist nicht anzunehmen, wenn auch »laut des Stadtbuchs eine große Theuerung und Trübselige Zeit gewesen«.[35] Im Spital zu Lauf a. P., eine Stiftung der Familie Glockengießer von Nürnberg aus dem Jahre 1375, hängt ein altes Ölbild aus dem Jahre 1581; es stellt vermutlich Christoph Glockengießer dar im Alter von 52 Jahren.[36] Darnach wäre Christoph Glockengießer erst um 1530 geboren. Gestorben ist der Meister im Jahre 1595. Wenn sonach die St. Petersglocke zu Leutershausen von ihm schon 1517 gegossen worden wäre, dann hätte er auf

33 Anm. Fröhlich: Stadtarchiv Bd. 12.

34 Anm. Fröhlich: Stadtarchiv, Bd. 46. S. 144.

35 Anm. Fröhlich: Stadtarchiv 48, 12.

36 Anm. Fröhlich: Fränk. Kurier 1928. Das Leonhartspital zu Lauf a. P. Eine Gründung der Nürnberger Glockengießerfamilie Keßler.

eine nahezu 80 Jahre lange Fertigkeit im Glockenguß bei seinem Tode 1595 zurückblicken können. Das ist nicht der Fall. Vielmehr war noch im Jahre 1540 sein Vater, der berühmte Hans Glockengießer (+ 1559) tätig und schuf in diesem Jahre die 76,11 Ztr. schwere Domglocke »Hallerin« für Eichstätt. Offenbar hat man der St. Petersglocke zu Leutershausen die Jahreszahl 1517 aufgegossen, um einerseits die Glocke als Umguß zu kennzeichnen **(siehe unten Anm. 1)**, anderseits die Erinnerung an das Brandunglück 1517 wach zu halten, durch das 4 Glocken vernichtet wurden. **(siehe unten Anm. 2)**

Anm. 1)

In der Rechnung v. 16.12.1575 heißt es, daß

»die alt glocken gewogen laut des wag zettels so man Im daran geben XXIII Ztr. 90 pfundt den zentner umb XII fl. Thut zu gelt II CL XXX VI fl. III kr. XIII H.« *(also 23,90 Ztr. Glockengewicht um 286 fl. 3 kr. 23 H.). Die neue Glocke wog*

»XXVI Ztr. XV pfundt den zentner umb XVIII fl. Thut zu gelt III CL XX fl. III kr. XVIIII H.« *(also 26,15 Ztr. Glockengewicht um 470 fl. 3 Kr 19 H.). Ferner wurden bezahlt,*

»von solcher glocken zu hencken, für Joch, eißen, schwengel vndt anders XXX fl. Thut die ganze Summa dem glockengiesser für solche Neue glocken V C fl. III kr. XVIIII H.« (500 fl. 3 Kr. 19 H.). Unter Einrechnung alter Eisenteile, jedenfalls vom Joch der alten Glocke, kam letztere auf 209 fl. 3 Kr. 28 H.

»Ist man Ime (dem Glockengießer) noch schuldig II C IX fl. IIII kr.« (209 fl. 4 Kr.).

Aus der Rechnung v. 1575 geht auch hervor[37], daß Christoph Glockengießer »zu zweien malen« hier gewesen ist und daß er selber »mit heraus gewesen vndt die glocken selber gehenckt hat.«

Anm. 2)

Aus der Geschichte des Turmes der St. Peterskirche berichtet das Heimatbuch v. H. Wild[38]:

»Wie einem nota bene im ersten Stadtbuch entnommen werden kann, fing man 1432 an den Kirchturm zu bauen. Die Baumeister hießen ›Hantz wirt‹ und ›Hantz bauer‹ «.

Im nächsten Jahrhundert begegnen wir einem »Sammel-Patent von Burgermeister und Rat der Stadt zu Leutershausen zur Wiedererbauung des Anno 1517 durch Ungewitter verbronnenen Kirchthurns mit 4 Glocken, dann der beschädigten Kirche, ausgefertigt d. d. Freitag n. Martini 1518.«

In dieser Schrift[39] wird darauf hingewiesen, daß durch »einslagen des vngewitters and wildes Fever ... der Kirchturn ganz im Boden verbrunnen vnd vier glocken gar verschmolzen vnnd zergangen sind sambt andern schaden an der pfarrkirch auch bescheen, des das gotzhaws in großen unuberwindlichen Costen vnd schaden gefallen vnd komen ist« und daß man durch »Wiederbawung des Thurns vnnd ander glocken zu erkauffen noch eine tapfern Summe geltz zu bezalen schuldig ist.«

Dem neugebauten Kirchthurn konnte nur ein elendes Dächlein gegeben werden, das erst 1888 der jetzigen Turnspitze wich (vgl. Abbildung: Leutershausen um 1830. St. Peter)[40]. Wolfgang Tobias Weiß berichtet 1757 in seiner Amtsbeschreibung:

---

37 Anm. Fröhlich: Stadtarchiv, Bd. 46. S. 143.

38 Anm. Fröhlich: Heimatbuch v. H. Wild S. 43 u. 44.

39 Anm. Fröhlich: Stadtarchiv. Bd. 30. S. 421.

40 Die genannte Abbildung lag Hg. nicht vor.

> »Der Kirchen Turn ist von Steinen massiv aufgebauet und auch nach alter manier, daß aber das dach schlecht ausgeführt, mag davon herühren, weilen Anno 1517 das donnerwetter in den Tuhrn geschlagen und das Dach abgebrannt. Und weilen dermahlen laut des Stadt Buchs eine große Theurung und Trübselige Zeit gewesen, so ist das Dach nur schlechthin wieder hinaufgesetzt, um bei Ermanglung der Geldmittel im Hailing bißhero also ausgelaßen worden.«

Die Angaben über das Gewicht der St. Petersglocke zu Leutershausen gehen auseinander. Die Abrechnung v. 16.12.1575 besagt:

> *»Erstlich wigt die Neue glocken ... 26 Ztr. 15 pfundt den zentner umb 18 fl. Thut zu gelt 470 fl. 3 Kr. 19 H.«*

Wolfgang Tobias Weiß gibt 1757 das Gewicht der Glocke mit »33 Ztr. et 34 Pfd.« an. Es besteht also zwischen den beiden Gewichtangaben von 1575 und 1757 ein Unterschied von 7,19 Ztr. Das genaue Gewicht einer Glocke kann natürlich nur durch eine Wägung festgestellt werden. Schätzungen unterliegen leicht Täuschungen und das Glockengewicht wird gerne zu hoch angegeben.

Einen Anhaltspunkt zur annähernd genauen Feststellung des Gewichts einer Glocke gibt der Durchmesser am Schallrand und die Dicke des Metalls am Schlagring, Ersterer beträgt bei der St. Petersglocke 1,41 m, letzterer 0,11 m.

Als im Jahre 1917 die Bekanntmachung des stellv. Generalkommandos v. 1.3.1917 betr. Enteignung von Kirchenglocken aus Bronze durch das Land ging, wurde derselben eine Gewichtstabelle zur Feststellung des Glockengewichts auf Grund des Schallwanddurchmessers beigegeben. (Siehe Tabelle unten) Nach dieser

Tabelle würde das Gewicht der St. Petersglocke zwischen 1920 kg (38,40 Ztr.) und 1600kg (32 Ztr) liegen, schätzungsweise also 35 Ztr. betragen.

Die Gewichtstabellen in der Glockenkunde von Walter[41] lassen das Gewicht der St. Petersglocke gleichfalls auf etwa 35 Ztr. schätzen.

Zur Bestimmung des Gewichtes sei noch folgende Schlußfolgerung angeführt:

Im Jahre 1591 goß Christoph Glockengießer 2 Glocken für die Pfarrkirche zu Großweingarten bei Spalt, Bez. A. Schwabach, im Gewicht von 13 und 18 Ztr.[42] Der noch vorhandene Kaufbrief bekundet, daß beide Glocken um 396 fl. erworben wurden. Es wurde mithin für 1 fl. 31 Ztr.: 396 = 0,07 Ztr. Glockengewicht geliefert. Nach der Rechnung v. 16.12.1675 wurden für die neue St. Petersglocke 500 fl. 3 Kr. 19 H. gefordert.[43]

Nimmt man nun an, daß 1575 Metallpreis und Gießerlohn nicht wesentlich anders waren wie 1591, so hätte mithin Christoph Glockengießer für 500 fl. eine Glocke im Gewicht von etwa 500 * 0,07 Ztr. = 35 Ztr. gegossen.

Münzen, Maße und Gewichte waren bekanntlich vor Einführung der dezimalen Währung sowohl örtlich als auch zu verschiedenen Zeiten oft recht verschieden, und es ist möglich, daß

[41] Anm. Fröhlich: Walter, S. 74–88.

[42] Anm. Fröhlich: Hrch. Krauß, Schwabacher Heimatsammelmappe, 1923. S. 56.

[43] Hinweis Fröhlichs: Vgl. oben Rechnung in Anmerkung 1, Seite 37.

26,15 Ztr. der Rechnung von 1575 gleichbedeutend sind mit 33,34 Ztr. nach der Währung von 1757 und mit etwa 35 Ztr gegenwärtiger Währung.

Übrigens liegt die Frage nahe:

Woher wußte Stadtvogt Wolfg. Tobias Weiß 1757 das Gewicht der Glocke so genau auf »33 Ctr. et 34 Pfd.« anzugeben?

Hat er eine Umrechnung ähnlich der vorstehenden vorgenommen, oder konnte er sich bei seiner Angabe auf jetzt nicht mehr vorhandene Urkunden stützen?

Tabelle

Die Gewichtstabelle ist folgende:

Unt. Dchm. in m	Gewicht in kg	Unt. Dchm. in m	Gewicht in kg
3,24	20100	1,15	930
3,05	16780	1,08	776
2,87	14000	1,02	658
2,70	11700	0,96	550
2,55	9760	0,90	450
2,39	8150	0,85	375
2,25	6800	0,80	310
2,12	5675	0,75	260
1,99	4740	0,71	210
1,88	4000	0,66	175
1,76	3300	0,63	150
1,66	2755	0,59	120
1,56	2300	0,55	100
1,47	1920	0,52	85
1,38	1600	0,49	75
1,30	1340	0,46	58
1,23	1100		

Die Taufglocke

+ zu gottes lob und dienst gehor ich
🔔 Christof glockengießer zu nurmberg gos mich.

Die 4. Glocke in Turm der Stadtpfarrkirche zu Leutershausen hängt unter der großen St. Petersglocke. Sie hat bei 70 cm unterm Durchmesser 5 cm Metallstärke am Schlagring. Die obige Inschrift[44] läuft in einer einzigen Zeile um den Glockenhals und wird nach unten durch ein schönes gotisches Ornament begrenzt, bestehend aus gotischen Bögen mit Maßwerk. Stattvogt Wolfgang Tobias Weiß berichtete 1757 über diese Glocke:

> *»Die 4te ist auch eine alte Glocke, wann aber solche gegoßen worden und wie viel solche wieget ist nicht zu finden.«*

Die angegebene Inschrift bekundet, daß die Glocke gleich der großen St. Petersglocke von Christoph Glockengießer zu Nürnberg gegossen wurde und somit wohl der 2. Hälfte des 16. Jahrhunderts angehört. Das Gewicht beträgt schätzungsweise 5 Ztr.

---

44 Anm. Fröhlich: Die Glocken von Christoph Glockengießer tragen häufig den Reim: »Gottes Wort bleibt ewig, glaub dem mit der Tat, bist selig.« Die beiden größten Glocken zu Großweingarten, Bez. A. Schwabach, gegossen 1591 von Christoph Glockengießer, haben die Inschrift: »christof glockengiesser zu nurnberg gos mich. gottes wort bleibet ewig. glaub dem mit that bist selig.« Vgl. Schwabacher Heimatsammelmappe v. Hnh. Krauß. 1923. S. 56). Vgl. auch: Walter, Glockenkunde, S. 327; 739; sowie: Emil Franke, die Familie Keßler-Glockengießer. Nürnbergs berühmte Glockengießer im Mittelalter. Fränkischer Kurier. Nr. 301 v. 1.10.1927.

»Glockengießer«-Güsse: Übersicht

Übersicht über die beiden von Christoph Glockengießer in Nürnberg gegossenen Glocken:

	1. Große Glocke St. Peterglocke	**2. Kleine Glocke Taufglocke**
Gießer:	Christoph Glockengießer	Christoph Glockengießer
Gußort:	Nürnberg	Nürnberg
Gußzeit:	1575	ohne Jahreszahl, 16. Jhdt.
Dchm.:	1,41 m	0,70 m
Gewicht:	etwa 35 Ztr.	etwa 5 Ztr.
Ton:	es 1 annähernd	es 2 annähernd
Inschrift:	tu es petrus super hanc edificabo ecclesiam et porte inferi non prevalebunt adversus eam	Zu gottes lob und dienst gehor ich christof glockengießer zu nurmberg gos mich

Meister Christoph, Glockengießer Nürnberg

Er gehörte der Familie »Glockengießer« an, welche durch mehrere Jahrhunderte zu Nürnberg die Kunst des Glockengusses mit weitreichendem Ruhme betrieb. Ihr ursprünglicher Familienname war »Kesseler« oder »Keßler«; aber schon im 14. Jahrhundert wurde der Name »Glockengießer« Familienname. Als die ältesten Vorfahren des Meisters Christoph Glockengießer sind nachweisbar[45]:

1. Sifridi de Nuremberg, Siegfried von Nürnberg, im 14. Jahrhundert.

2. Magister Hermanus filius Sifridi de Noremberg, war ein Sohn des Siegfried von Nürnberg und starb vor 1386. Er goß die Betstundenglocke in Meiningen mit der Inschrift: *Magister Hermanus filius Sifridi de Noremberg fecit istam campanam.*[46] Da Herman so familienstolz auf seinen Vater Siegfried weisen kann, so folgt, daß schon dieser als Glockengießer einen bedeutenden Ruf haben mußte, wenn auch beide noch, ihrem Berufsnamen Keßler nach zu schließen, die Rotgießerei in weitem Umfange betrieben.

---

[45] Anm. Fröhlich: Die Familie Keßler-Glockengießer. Nürnbergs berühmte Glockengießer im Mittelalter. Von Emil Franke. Fränkischer Kurier. Nr. 301 v. 1.10.1927. 9.

[46] Anm. Hg.: »Magister Hermanus filius Sifridi de Noremberg fecit istam campanam«, lat., = Magister Hermann, Sohn des Sifridi aus Nürnberg, machte diese Glocke.

3. Hermanus campanarum fusor[47], Sohn des vor 1386 verstorbenen »Herman Kesseler« (Magister Hermanus) und Enkel des Siegfried (Sifridi de Nuremberg). Dieser scheint den Glockenguß allein betrieben und den Namen »Glockengießer« angenommen zu haben, der nun wirklicher Geschlechtsname wurde. 1375 nennt er sich Hermanus Glockengießer in Nurenberg. 1379 wird er als Hermanus campanarum fusor und als Stifter der Spitale zu Lauf a. P. und Schwabach erwähnt. Letzteres ist ein Beweis für seine große Wohlhabenheit.[48]

4. Segfrid campanifex[49], goß 1415 die 44 Ztr. schwere Glocke auf dem Turme der Stadtpfarrkirche. zu Schwabach, 1417 die große Glocke auf dem Südturm der Stiftskirche in Feuchtwangen, 1412 eine solche für Künzelsau in Wttbg. und 1416 die große Glocke der Stiftskirche in Gringen, Wttbg.[50]

---

47 Anm. Hg.: campanarum fusor, lat., = Glockengießer.

48 Anm. Fröhlich: Das Leonhardispital zu Lauf a. P. Eine Gründung. der Nürnberger Glockengießerfamilie Keßler. Fränkischer Kurier 1928. – Der Glockenguß in Lauf (Durch Mfr. von Aufsberg u. Luz. S. 63/66) – Oberlandesgerichtsrat Karl Sauer. Geschichte der Stadt Lauf. (Druck u. Vlg. Hrch. Bachmann, Lauf 1898) S. 205. – Knoellinger. Geschichtliches vom Krankenhaus Schwabach. Schwabacher Heimatbuch. Bd. II. S. 200.

49 Anm. Hg.: »campanifex«, lat. für Glockenmacher.

50 Anm. Fröhlich: Walter, Glockenkunde. S. 846. – Fröhlich. Die Glocken. von Schwabach. Schwabacher Heimatbuch. Bd. I. S. 12–18. – Fröhlich. Die Glocken auf dem Südturm der Stiftskirche in Feuchtwangen. Heimatkunde. Monatl. Beilage zum »Bayerischen Grenzboten«. Feuchtwangen Nr. 10. v. 15.10.1931, S. 3 u. 4. und Nr. 4 v. 15.4.1932 S. 3. – Mitteilungen des Vereins für Gesch. d. Stdt. Nbg. Bd. 6. Die Glocken Nürnberger Meister im nördlichen Württemberg v. Gustav Bossert in Bächlingen. S. 259–266.

5. Meister Petrus in Nürnberg, »am vor frawen tor«, goß 1425 die wohlklingende Glocke auf dem Turm der Pfarrkirche zu Geslau bei Rothenburg o. T.[51]

6. Conrat »glogengiesser«, der Meister der 110 Ztr. schweren Schlagglocke der St. Sebalduskirche in Nürnberg.[52]

7. Hans Glockengießer, er war das bedeutendste Glied der Familie und einer der tüchtigsten Meister der deutschen Glockengießerkunst. Der Nürnberger Schreib- und Rechenmeister Joh. Neudorfer[53] erwähnt in seinen »Nachrichten von Künstlern und Werkleuten« (1547) Hans Glockengießer mit besonderer Auszeichnung:

> »Dieser Glockengießer war erstlich ein Keßler (Kesselschmied) und hernach also künstlich ein Glockengießer, daß seinesgleichen im heiligen Reich nicht gefunden werd, verließ[54] eine feine Bürgersnahrung[55] und seinem Sohne[56] eine feine Zubereitung von Werkzeug, welche er hernach mit wunderlichem Vorteil künstlich gebessert hat. Die großen, über-

51 Anm. Fröhlich: Freundliche Mittlg. des Pfarramtes Geslau v. 10.1.1923.

52 Anm. Fröhlich: Walter, Glockenkunde. S. 714. Vgl. auch Fußnote 45.

53 Anm. Hg.: Johann Neudörffer der Ältere (* Oktober 1497 in Nürnberg; † 12. November 1563 ebenda). Das folgende Zitat steht in: Des Johann Neudörfer Schreib- und Rechenmeisters zu Nürnberg Nachrichten von Künstlern und Werkleuten daselbst aus dem Jahre 1547.

54 Anm. Fröhlich: hinterließ; er starb angeblich 1559.

55 Anm. Hg.: Vermutlich ist damit ein »einträgliches Gewerbe« gemeint.

56 Anm. Fröhlich: Christoph Glockengießer.

> mäßigen Werk aber, die sie beede gegossen haben[57], findet man allenthalben in Bistümen, Domen und Pfarrkirchen.«

Das größte Werk von Hans Glockengießer ist die große Glocke »Hallerin« (Gewicht 76,11 Ztr; Durchm. 1,80 m; Ton b) vom Jahre 1540 auf dem nördlichen Domturm in Eichstätt.[58]

In Nürnberg mündet nahezu gegenüber der St. Klarakirche die Peuntgasse und Johannesgasse von rechts in die Königsstraße ein. Der Platz zwischen beiden Gassen hieß im Mittelalter »Die Prüch«, ein alter Name, der auf eine wasserreiche, sumpfige Geländebeschaffenheit schließen läßt.[59] Dort entstand zwischen 1428 und 1471 das Haus der Familie »Glockengießer«, bei dem auch eine Gießhütte war. Später wurde das Haus der »Glockenstuhl« genannt.

Urkundlich nachweisbar brannten dort am Donnerstag vor Pfingsten 1471 zwei Häuser beim jungen Glockengießer ab. 1522 wurde das Haus neugebaut durch Hans Glockengießer.

An Stelle des alten Baues steht jetzt der 1891 neuerbaute Gasthof zum »Deutschen Kaiser«. Das alte Chörlein[60] im Stile der Spätgotik mit der Jahreszahl 1522 ließ Prof. Krd. Walter wieder anbringen. Unter den Fenstern sind die Wappen von Hans

---

57 Anm. Fröhlich: also war Christoph zuerst mit seinem Vater Hans gemeinsam tätig.

58 Anm. Fröhlich: Walter, Glockenkunde. S. 313 f. und S. 757.

59 Anm. Fröhlich: Mummenhoff. Gesammelte Aufsätze. Bd. I, Nbg. 1930. S. 290 ff. Aus dieser Abhandlung »Die Prüch« sind die folgenden Angaben über das Haus der Familie Glockengießer in der Königsstraße entnommen.

60 Anm. Hg.: Chörlein = Erker.

Glockengießer und seiner Frau, wahrscheinlich einer geb. Graitz, eingelassen. Jenes zeigt auf schwarzem Schilde einen geschweiften, goldenen, von 2 goldenen Sternen begleiteten Sparren, worunter eine goldene Glocke sich befindet, dieses auf blau-weiß geteiltem Schilde eine Wassernixe.

Nach einer Medaille – Denkmünze, vielleicht aus dem damaligen Neubau –, die beim Abbruch des Hauses im Schutt gefunden wurde, war eine Barbara Deglerin die Frau des Christoph Glockengießer. Auf der einen Seite ist das Glockengießersche Wappen und die Umschrift Christoph Glockengießer, auf der anderen Seite das Deglerische.

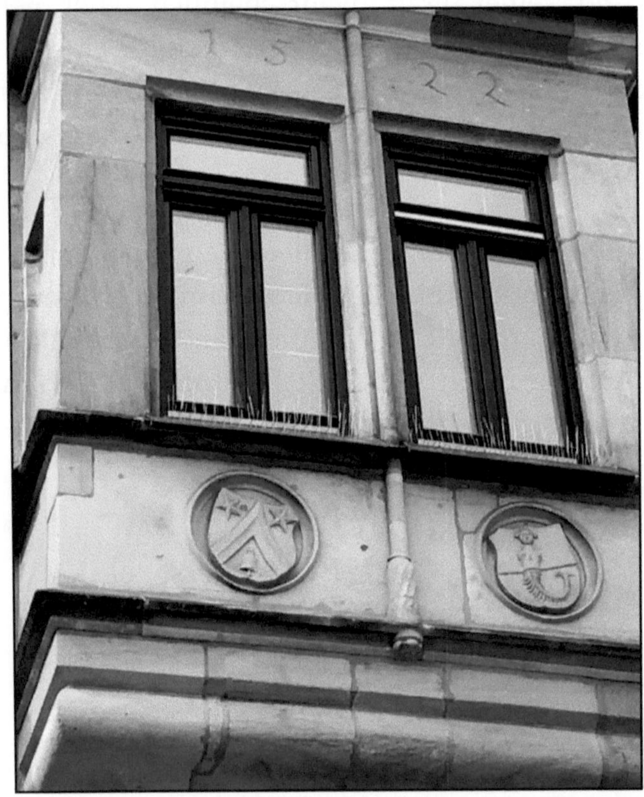

Bild 10:
Das »Chörlein« mit Wappen (Nürnberg)
Foto: Hg. 2024

1532[61] wurde durch Hans Glockengießer der obere Galgenhof[62] vor dem Frauentor erworben. Seinem Sohne Christoph Glo-

[61] Anm. Fröhlich: Die Familie Keßler–Glockengießer. Nürnbergs berühmte Glockengießer im Mittelalter. Von Emil Franke. Fränkischer Kurier. Nr. 301 v. 1.10.1922. Hier heißt es: »1538 kaufte er (Hans Glockengießer), den Galgenhof, der nun Glockenhof genannt wurde.«

[62] Anm. Fröhlich: Etwa bis zum Jahre 1326 hieß die ganze Gegend in Süden und Südosten des Frauentors, also dort, wo jetzt der Hauptbahnhof steht und der Stadtplan die Galgenhof-, Glockenhof- und Findelwiesenstraße, sowie Fisch-

ckengießer gefiel der Name durchaus nicht und er taufte ihn um in »Glockenhof«.[63]

Das gefiel wieder dem Rat der Stadt nicht und er wollte einen solchen Eingriff in seine oberherrlichen Rechte nicht hingehen lassen. Christoph Glockengießer wurde ins Verhör genommen, worüber das Protokoll v. 3.10.1592 berichtet, daß ihm nicht gestattet werden könne, dieses alten Hofes Namen zu ändern. Man wolle, daß es beim alten Namen bleiben solle und daß er das an den Häusern und Türen angeschlagene Wort »Glockenhof« auslöschen solle.[64]

Aber was der Rat nicht zugeben wollte, das gestattete Kaiser Ferdinand den von den Glockengießern adoptierten Rosenhart in einem Adelsbrief, den Christoph und Konrad Rosenhart,

---

bachstraße verzeichnet, kurzweg »Vor dem Frauentor« (Vgl. auch Inschrift der großen Glocke zu Geslau, Bez. A. Rothenburg o. T. ANNO. DMM CCCC XXV. OCB OPVS FECIT MAGISTER PETRVS IN NVRENBERG AM VOR FRAWENTOR ET CETERA ORA). Zwischen 1326 und 1346 wurde an dieser Stätte der Galgen errichtet und die Gegend vor dem »Frauentor« in »Galgenhof« umbenannt. (Vgl. Der Galgen am Frauentor. Von Pfarrer Ottmar Kreppel).

63 Anm. Fröhlich: Mummenhoff. Gesammelte Aufsätze. Bd. I, Nbg. 1930. S. 290 ff. Aus der Abhandlung »Der Glockenguß« sind die folgenden Angaben entnommen.

64 Anm. Fröhlich: Pfarrer Ottmar Kreppel schreibt in seiner Abhandlung »Der Galgen vor dem Frauentor«, daß die Familie Glockengießer überall in jenem Anwesen Glocken anmalen ließen zum Verdruß des Rates, die sie dann wieder beseitigen mußten. Ob die Familie Glockengießer den Anordnungen des Rates sofort Folge leistete, sei dahingestellt. Der Streit wurde ein langwieriger und zog sich nach dem Tode Christoph Glockengießers 1595 noch über 50 Jahre hin, bis die Glockengießer von Kaiser Ferdinand III. (1637–1657) den Adel mit dem Beiwort »von Glockenhofen« erhielten. Die Abhandlung »Das Leonhardi-Spital zu Lauf«, Fränkischer Kurier 1928, gibt irrtümlich statt 1650 das Jahr 1569 an.

genannt Glockengießer, im Jahre 1650 vom genannten Kaiser erhielten. In diesem heißt es ausdrücklich, daß das Landgut nahe bei der Stadt Nürnberg nach den Glockengießern gemeiniglich der Glockenhof genannt worden und nunmehr über 120 Jahre bei ihrem Stamm gewesen sei, vorher aber einen anderen Namen gehabt habe. Der Kaiser bestätigt sodann den Namen Glockenhof und gestattet den Rosenhart, genannt Glockengießer, und ihren Nachkommen, daß sie gegen ihn, den Kaiser, und sonst gegen jedermänniglich, wes Würden, Standes und Wesen sie seien, in allen ihren Reden, Schriften, Titeln, Insiegeln, Petschaften, Handlungen und Geschäften, nichts ausgenommen, sich von Glockenhofen, wie auch von allen ihren jetzigen und zukünftigen Gütern nennen und schreiben mögen.

Der Glockenguß zu Frommetsfelden

Band 46 der Rathausregistratur enthält auf S. 144 bis 158 wertvolles Urkundenmaterial über den Umguß der 3. Glocke der Stadtpfarrkirche zu Leutershausen, den im Jahre 1935 der wandernde Stück- und Glockengießer Andreas Lindner von Regensburg in Frommetsfelden vollzogen hat.

Stadtvogt Wolfgang Tobias Weiß berichtet über diese zu Frommetsfelden umgegossene Glocke in seiner Amtsbeschreibung von 1757, daß die 3. Glocke Anno 1735 »allhier umgegoßen worden« sei und 7 Ztr. 69 Pfd. wiege.[65]

Glockengießermeister Johann Ernst Lösch von Crailsheim schätzte im Jahre 1780 das Gewicht der Glocke auf »ohngefehr 8 Ztr.«. Die genaue Wägung ergab ein Gewicht von 751 Pfd.[66]

Die in Bd. 46 der Rathausregistratur aufbewahrten »Acta Die Gloken in dem Kirchenthurn, sonderlich aber die von Andreas Lindner, statt der zersprungenen gegossenen neuen Gebet Gloken betr. a. 1734 u. 1735« geben auf S. 144 bis 158 einen höchst interessanten Bericht über den Glockenguß zu Frommetsfelden und ein äußerst anschauliches, kulturgeschichtlich sehr wertvolles Bild, wie einst der Glockenguß als Wandergewerbe getrieben wurde.

> Vgl. Walter, Glockenkunde[67]: »Die umherziehenden Meister gossen die Glocken in den Dörfern und Städten, wo das

[65] Anm. Fröhlich: Stadtarchiv Leutershausen. Bd. 12.

[66] Anm. Fröhlich: Stadtarchiv Leutershausen, Bd. 48. S. 751 u. 767.

[67] Anm. Fröhlich: Vgl. Walter, Glockenkunde, S. 672 f.

> Geläut für die Zukunft bleiben sollte. Die Gießer installierten sich mit ihren Öfen in der Nähe der Kirche, auf den Kirchhöfen oder auf einem andern geeigneten Platze. Dadurch wurde einesteils der bei den damals noch vielfach schlechten Wegen recht beschwerliche Transport der immer größer gewünschten Glocken den Gemeinden erspart, andernteils konnten diese um so leichter die Aufsicht über das gelieferte Metall führen und achtgeben, daß beim Schmelzen kein Betrug vorkam. Die Gießer verließen ihre Heimat am Aschermittwoch und kehrten gegen das Fest Allerheiligen zurück. Sie wanderten von Kirche zu Kirche, von Abtei zu Abtei. Nur wenige Geräte hatten diese fahrenden Künstler zu ihrem Schaffen notwendig: ein Maßstab, einige Schriftgießformen nebst den Modellen zu den Verzierungen der Glocken bildeten das bescheidene Reisegepäck. Hatte der Meister seine Arbeit ausgeführt, so zog er entweder nach einem andern Orte oder er kehrte, neuer Aufträge zum Glockengießen gewärtig, in die Heimat zu seinem stehenden Gewerbe zurück. Vom 19. Jahrhunderte an, als entwickeltere Verkehrsverhältnisse Bestellungen auch nach auswärts ermöglichten, gaben die Glockengießer allmählich die Ausübung ihres Berufs im Umherziehen auf und ließen sich dauernd an einem Orte nieder. Einzelne Ausnahmen kommen noch bis zur Mitte des eben genannten Jahrhunderts vor.«

Über den wiederholten Umguß der 3. Glocke im Jahre 1780 durch Glockengießermeister Johann Ernst Lösch in Crailsheim geben die Urkunden in Bd. 48[68] genauen Aufschluß. Zusammenfassend berichtet über die Geschichte der 3. Glocke das

68 Anm. Fröhlich: Bd. 48, S. 743 bis 440.

Heimatbuch für Leutershausen und Umgebung v. Oberlehrer H. Wild[69]:

> »Die dritte, die Gebetsglocke, hat eine kleine Geschichte. Sie zersprang eines Tages und hatte damit ihren Klang verloren. 1734 ließ sich die Gemeinde Frommetsfelden von dem Stuck- und Glockengießer Andreas Lindner von Regensburg Glocken gießen. Derselbe erbaute nun zu diesem Zweck in Frommetsfelden eine Gießhütte mit Schmelzofen und Dammgrube und goß gleich an Ort und Stelle die bestellten Glocken. Mit ihm schloß auch Leutershausen einen Vertrag ab und so wurde dessen zersprungene Glocke in Frommetsfelden umgegossen. Leider bekam auch die neue Glocke bald wieder einen Sprung, der vom dicken Rand bis in die Mitte reichte. Sie wurde 1780 nach Crailsheim geschafft, wo sie der Glockengießer Johann Ernst Lösch umgoß. Nach dem Wagschein wog die alte Glocke 751 Pfund, die neue dagegen 780 Pfund. Die erwachsenen Gesamtkosten betrugen nach der Zusammenstellung des Heiligenpflegers Leonh. Michael Wegemann 235 Gulden 24 Kreuzer.«

Am 8. Dezember 1734 richtete die Stadt Leutershausen an die markgräfliche Regierung in Ansbach ein Gesuch »*Die umgueßung der alt zersprungenen gebet glockhe betr.*« und bat untertänigst um die Erlaubnis, die Glocke in Frommetsfelden bei Glockengießer Andreas Lindner umgießen lassen zu dürfen.[70]

[69] Anm. Fröhlich: Heimatbuch H. Wild (1926), S. 44.

[70] Anm. Fröhlich: Bd.46. S. 144.

»Leutershaußen, den 8. Decembr. Ao 1734.
Onolzbach

Die umbgueßung der alt zersprungenen
gebet glockhe betr.

Zum Hochfürstl. Höchst-Preuß. Geheimden Rath.

Untertstr. Bericht vom Stadtvogt
Bürgermeister und Rath.

Durchlauchtigster Marggraf gnädigster Fürst und Herr! Nachdem in dem hießigen Kirchen Thurm die große Gebetglockhe, welche auf 8 Ztr. schwehr geschätzet wird, vorlängstens einen Sprung bekommen, dergestallten, daß selbige zum leiten nicht mehr tauglich, dahero nötig seyn will, solche Bey dermahlen sich ereignender guten Gelegenheit, der nemblichen Andreas Lindtner, Stück- und Glockhengießer[71] von Regensburg Besag hier anschlüßgen Colmberg Attestati mit gießung Neuer Glockchen zu Frommetsfelden, welche den Heunte [= *am heutigen Tag; Hg.*] zum Abwägen nachero Ansbach überführet werden, solche umgueßen zu laßen, weil nemlich

[71] Anm. Fröhlich: Stückgießer heißt Kanonengießer, Geschützgießer. Walter, Glockenkunde. S. 671 f.: »Die soziale Stellung der Glockengießer änderte sich wesentlich im 15. Jahrhundert mit der Einführung der Kanonen in das Kriegswesen. Diese Künstler, deren Werke bisher nur den friedlichen Zwecken der Kirche gedient hatten, traten jetzt, da sie den Kernguß großer Metallmassen verstanden, zugleich als die ersten ›Stückgießer‹ auf und wurden wegen ihrer Leistungen politisch mächtige, ja gefürchtete Persönlichkeiten, um deren Besitz Fürsten und Städte sich beneideten, die mit Ehren und Gold überhäuft, überall in hohem Ansehen standen. Weil sie zu Schutz und Wehr der Städte so ganz hervorragende Dienste leisteten, waren sie auch in den Augen des Volkes, das ihr etwas geheimnisvolles Wirken mit einem weihevollen Nimbus umgab, hochgeachtete Leute. Im Rate der Bürger bekleideten sie vielfach Ehrenstellen und auf ihr fachmännisches Urteil wurde sehr großes Gewicht gelegt. Hehrer Glockenton und der metallene Mund der Geschütze verkündeten weithin ihren Ruhm.«

> sich der Schmelzofen zu besagten Frommetsfelden Bereits vorhanden, und deßwegen Bey 30 fl. erspahret werden können und man der Hoffnung Lebet, daß die hießigen Bürger und Pfarrkinder an denen Kosten die sich nach hierbey gebogenen Überschlag pp auf 140 biß 150 fl. belaufen mögten, wie bereits von Verschiedenen die Vorverrechnung geschehen, ein nahmshaftes beytragen mögten; alß haben Ew. Hochfürstl. Dchlt. Hohe gnädigste Einwilligung und ratification des accord Zettels zu solchem Vorhaben untertht. ausbitten anbey in submißester devotion mit profondestem respect verfaren sollen.«

Es folgt Bd. 46, S. 146 nachstehender »Überschlag« oder Kostenvoranschlag über den Umguß der zersprungenen Glocke:

»Überschlag über die zersprungene Kirchen-Glocken
zu Leutershaußen.

Welche am Gewicht ohngefehr 8 Centr. Wagen mögte.
So ist von Gießlohn
von Centner à 9 fl.
daß macht in allen 72 fl.
Abgang von jeden Centr. Mettal 10 Pfd. im Feuer, trifft von 8 Centr. 80 Pfd. daran.[72] Solches müßen Sie an Kupfer und Englischen Zinn ersetzen, nämlich 70 Pfd. Kupfer, und 10 Pfd. Englisch Zinn.
Daß Pfd. Kupfer à 28 kr. Thut 32. fl. 40 Kr.
Daß Pfd. Engl. Zinn 30 kr. machen 10 Pfd. 5 fl.

[72] Anm. Fröhlich: Dar berechnete Feuerverlust ist also 10%. Heute wird beim Umguß einer Glocke 5% Feuerverlust in Rechnung gebracht. Wenn Glocken durch eine Feuersbrunst im Turme geschmolzen sind und das Metall mit Schutt und Asche vermischt ist (das sogenannte Krätzmetall), beträgt der Feuerverlust meistens 10%.

Daß Gießlohn von centr. 9 fl. Thut	
Von 8 Centr.	72 fl.
Den Gesellen Trankgeld	3 fl.
	112 fl. 40 Kr.

Darzu wird gebraucht, ein Wagen Kohlen, dann auch 1 Klafter Holz, nebst anderen kleinen Unkosten, welches man so genau nicht beschreiben kan.
Hingegen kommt Ihnen zu guten, gegen denen Frometsfeldern gehabten Unkosten, bey 3000 Backenstein auch 2 Maurer, als Meister und Gesellen, zu 14 Tag Arbeits Lohn, ferner viele Bretter und Holzwerk zur Gießhütten wie auch Zimmer Meister und 2 Gesellen auf 6 Tag Arbeits Lohn. Noch ferner auf 60 Pfd. Neu Eisen und andrer Materialie und Unkosten ersparet werden, so zum Schmelzofen, Hütten und Damgruben sind aufgegangen, so alles bey 30 fl. ausmacht, so Sie alles ersparen und Provition, gegen denen Frometsfeldern Unkosten, so ich nicht genauer Accordieren kann.

Andreas Lindner.
Stück- und Glockengießer.«

Nun wurde mit Glockengießer Lindner ein Vertrag abgeschlossen (Bd. 46, S. 148):

Acctum Leutershausen, d. 27. Nov. 1734

Accord zwischen Andreas Lindner, Stück - und Glockengießer von Regensburg, und der Gemein zu Leutershaußen von wegen einer zersprungenen Kirch-Glocken, so ohngefehr an Gewicht 8 Centr. schwer. So verlangt

1. Andreas Lindner, von jeden Centr. Gießlohn 9.fl., dann auch
2. von jeden Centr. Mettal 10 Pfd. ins Feuer abgangen
3. müßen Sie vor die 80 Pfd. abgang im Feuer ersezen 70 Pfd. Kupfer und 10 Pfd. Englisch Zinn, weiteres bey Lieferung der Alten Glocken beylegen, und
4. begehrt Andreas Lindner eine Fuhr Kohlen, auch
5. eine Clafter Holz, und
6. von denen 3 eingepfarten Dörfern, von jeden Hauß 1 Pfd. Flachs und 6 Eyer zur Zirrath der Formen, auch
7. zu denen Buchstaben und Zirrath 2 Pfd. Wachs, wie auch
8. auf alle tag Handfröhner, so viel ich berechtigt, darzu müßten Sie
9. auch die Glocken nach Frommetsfelden liefern und wider abholen, auch auf den Thurm schaffen, dann
10. begehrt er auch bey unterschreibung des Accords, 10 fl. zur angab, auch das übrige Gieß-Lohn bey Lieferung der Neuen Glocken, die völlige Baar Bezahlung
11. auch für den Gesellen das geweheliche Tranckgeld.

Dagegen verspreche ich Andreas Lindner, Stück- und Glockengießer, eine gute, Wehrhafte, wohl Proportionirte und saubere Glocken zu liefern, in einen feinen und annehmlichen Resinanz, daß jederman freuen soll.
Widerum verspreche auch auf Jahr und Tag gewehrschaft, so solche nicht mit Gewalt forcirt wird, oder auf andern Art verwahrloset wird, auf meine Kosten wider umzugießen. Noch ferner verspreche ich, daß solche Neue Glocken recht in den Thurn gehenckt und beschlagen wird, selbst dabey zugegen seye will, damit auch recht und wohl kan gelitten werden, welches viele nicht mögen annehmen, auch die wenigsten Gießer verstehen.«

Nachdem von der markgräflichen Regierung in Ansbach auf das Gesuch v. 8.12.1734 keine Antwort eintraf, richtete die Stadt Leutershausen am 27.12.1734 wiederholt ein solches an die Regierung (Bd. 46, S. 150):

> *»Untertstr. monitorium von Stadtvogtamts – dann Bürgermeister. und Raths wegen. Die gnädste ratification wegen umgueßung der zersprungenen Glockhen betr.«*

Zur Begründung wurde angeführt.

> *»wann nun aber seither die gnädste resolution noch nicht erfolget, dem angeführten Lindtner aber durch das lange Vartten sowohl alß der Pfarrgemein viel mehrere unkosten zu wachßen dürften.«*

Um die zum Umguß nötigen Geldmittel in der Pfarrgemeinde aufzubringen, wurde beschlossen, eine Sammlung zu veranstalten (B. 46, S. 152). Es wurde ein Sammelbüchlein angelegt, in dem es heißt:

> Leutershaußen, den 17. Januar Ao 1735.
>
> Vorrede, in dem zur Neuen Glockhe bey der Statt Kirch zu Leutershaußen geferttigten Sammelbüchlein enthalten.
>
> Anno 1735.
>
> Dem geneigten Leser wird hiermit zuförderst Gnade von Gott und alles glückliche wohlergehen angewünschet und anbey gefüget: Demnach die ohnumgängliche Nothdurft erfordert die schon vor vielen Jahren her zersprungene gebeth Glockhe in der hießigen Stadtkirche bey dermahlen vorhandenen

guten Gelegenheit, da das Gueßhauß zu Frommetsfelden noch zu gebrauchen, und viele kosten erspart werden können, umgueßen zu laßen; alß werde die gesamte hiesige Bürgerschaft, dann die Eingehörige Pfarr Kinder auf dem Land, nebst deren resp. Söhnen und Töchtern, Knechten und Mägden, zufolge der, von der Canzel beschehenen ordentlichen Ermahnung erinnert, daß ein jeder nach dem von Gott ihme verlihenen Seegen, zu solchem zur Ehre Gottes und ermunderung der Pfarrgemeinde, abziehlenden Vorhaben der Neue Orgelbau den Heylig gänzl. erschöpfet, eine Beysteuer mittheilen und dasjenige was er abreichet entweder selbsten oder durch die hierzu verordnete Herren Heiyligpflegern in gegenwärttiges Büchlein einschreiben und davor die Belohnung von Gottsgüthe reichlich erwartten möge.«

Nach allen diesen Vorbereitungen wurde dann der Umguß der zersprungenen Glocke in der Gießhütte zu Frommetsfelden vollzogen. Über die Abrechnung mit Glockengießer Andreas Lindner berichten 2 Urkunden wie folgt (Bd. 46. S. 154):

Bescheinigung
von wegen der umgegoßenen Neuen Glocken
zu Leutershaußen,

welche hat gewogen 8 Centr. 30 Pfd. macht der Centr. Gießerlohn 8 fl.

Thut zusamen	66 fl. 24 kr.
vor Hengung und anweißung des Beschlägs und Jahrs,	
vor Versäumung und Zehrung	3 fl.
den Gesellen Franck geld	3 fl.
Summe	72 fl. 24 kr.
Dargegen hab ich empfangen an Geld	32 fl.

weiteres ist Ihnen übrich geblieben.	
61 Pfd. Mettal das pfd. à 30 kr. Thut	30 fl. 30 kr.
Summe	62 fl. 30 kr.
Ist mir zu bezahlen	9 fl. 54 kr.«

Es scheint, daß man dem Meister seinen verdienten Lohn nicht voll und ganz ausbezahlen wollte; denn nach Bd. 46, S. 157 sah sich Glockengießer Lindner veranlaßt, am 8.4.1735 folgende Mitteilung an den Stadtvogt in Leutershausen zu senden:

»Wohl Edel und Vester
Hochgeehrtester Herr Statt Vogt!

Ihren Schein darzu den fl. 54 Kr. habe ich zu recht erhalten, und habe zu gleich ersehen aus Ihren abgelaßenen, daß ich mich solle geihrret haben in meiner Rechnung, aber meine Rechnung ist richtig, indem ich ja den abgang ins Feuer nicht büße, sondern Sie denselben ersetzen müßten, sind also die 40 Pfd. Kupfer und Zinn, in Nürnberg bezahlt worden, wofür mir auch das reißgeld ist Bezahlt worden, welches mir auch nicht abgerechnet werden darf, weil es für meine Versäumniß ist Bezahlt worden, neml. 3 fl. so ist mir ja solche 40 fl. nicht an mein Gießlohen abzurechnen, wie wolte einer Bestehen, so man jederzeit solte den abgang selbst büßen müßte. Also Bleibt mir noch zu Bezahlen 8 fl. und von die 30 Pfd. so über die 8 Centr. Gewesen. Der abgang 3 Pfd. macht auch 1 fl. 30 kr, welches auch vergeßen worden, macht also noch über den empfg. 1 fl. 54 Kr. 9 fl. 30 Kr. Ich hätte wohl ehender antworten sollen, habe aber ein geleit im Amt Uffenheim ver Accordirt und 4 Tag nicht zu Hauß gewesen, jetzt aber nach Ansbach gereißet. Ich werde aber meine Aufwarthung bey meiner Heimkunft machen. Bitte meinen Gesellen daß Geld zuzustellen, wovon er den Hl. Förster, was ich verzehrt Bezahlen soll, Nebst Göttl. Obhut Empfohl verharre meines Hochgeehrtesten Herrn Statt Vogt.

In aller Eil wünsche glückl. Ferie.
Dinst Beflißener Andreas Lindner[73],
Stück- und Glockengießer.
Frommetsfelden, d. 8. April 1735.«

[73] Anm. Fröhlich: Walter nennt in dem umfangreichen Glockengießerverzeichnis S. 813, sowie S. 419 u. 420 seiner Glockenkunde einen Glockengießer Andreas Lindner, der 1746 zwei Glocken für die frühere evangelische Kirche in Fulda goß, die 1895 von Gebr. Ulrich in Laucher umgeschmolzen wurden. Ob dieser Meister und der Regensburger Stück- und Glockengießer Andreas Lindner die gleiche Person ist?

Gebetsglocke – Leutershausen 1780

1780.
ZV COTTES LOB VND EHR COS MICH
JOHANN ERNST LÖSCH ZV CREİLSHEIM
NACHHER LEVTERSHAVSEN 1780.

Die Gebetglocke, welche Andreas Lindner 1735 zu Frommetsfelden gegossen hatte, tat einige Jahre ihren Dienst, erhielt wieder einen Sprung und man mußte sie abermals umgießen lassen. Den Umguß besorgte im Jahre 1780 Glockengießermeister Johann Ernst Lösch in Crailsheim. Die 1780 umgegossene Glocke ist die jetzige 3. Glocke auf dem Turm der Stadtpfarrkirche in Leutershausen (Durchm. 89 cm, Metallstärke am Schlagring 6,4 cm, Schlagton b 1). Im Volksmund wurde die Glocke bis herein in unser Jahrhundert »Neue Glocke« genannt. Die Glocke blickt zwar heute auch schon auf das ehrwürdige Alter von über 150 Jahren zurück; aber im Hinblick auf das noch bedeutend höhere Alter der 1., 2. und 4. Glocke, sowie im Hinblick auf die Geschichte der 3. Glocke ist die volkstümliche Bezeichnung »Neue Glocke« nicht übel gewählt. Nachfolgend werden die wichtigsten Urkunden aus Bd. 48 des Stadtarchivs Leutershausen mitgeteilt, welche sich mit dem Umguß der 3. Glocke im Jahre 1780 befassen. Bd. 48[74] bringt ein Bittgesuch, …

> »…die schadhaft gewordene hiesige Stadtkirchenglocke und deren Umgießung betr.

[74] Anm. Fröhlich: Bd. 48, S. 443.

Es hat vor einiger Zeit, von denen auf hiesigen Stadtkirchen Thurn befindlichen 4 Glocken, die 3te davon, so ohngefehr 8 Ctr. schwer[75], in der Mitte biß zum Rand der Dickung einen Sprung bekommen und dadurch ihren völligen thonmäßig Klang verloren, weßweg man zwar allerley Versuche gemachet, dieser durch das Läuten schadhaft gewordenen Glocke wieder einen ordentl. Phon und Resonant beyzubringen, welches aber aller angestellten Proben ohnerachtet nicht in Stand zu bringen gewesen[76] [6]), und kann also solche Glocke, die eine der unentbehrlichsten nicht mehr zum Läuten gebrauchet werden, dahero die Umgießung dieser Glocken und aus solcher eine neue von diesem calibre ferttigen zu laßen ohnvermeidlich ist.

In dieser Absicht hat man dann den privilegirt Glockengießer Lösch von Crailsheim hieher kommen – diesen die schadhafte Kirchenglocke beaugenscheinigen laßen und ihm einen Überschlag, wie hoch die Verferttigung einer neuen Glocke, von eben der schwere und dem Thon so die schadhafte hat, gegen Drangab der alten zu stehen komme, abgefordert. Inhalts angeschloßenen Überschlags kommt nun die neu zu ferttigen seyende Glocke gegen Drangab der schadhaft gewordenen, ohngefehr maßen man dern Schwere dermalen noch nicht so genau bestimmen kann, auf 173 fl. 20 Kr. zu stehen. April 1780.«

75 Anm. Fröhlich: StArch. Bd. 48, S. 767 wog die zersprungene Glocke 751 Pfd.

76 Anm. Fröhlich: Es wäre interessant, zu erfahren, welche Versuche man gemacht hat, der »schadhaft gewordenen Glocke wieder einen ordentl. Thon und Resonant beyzubringen«. Es ist aber auch klar, daß es, »aller angestellten Proben ohnerachtet nicht in Stand zu bringen gewesen.« Man wird an die nette Glockensage erinnert in: Schnurren und Schwänke aus Bayern. Ein lustiges Volksbuch für jung und alt v. Paul Lang, S. 150 bis 152.

Es folgt[77] der Kostenvoranschlag des Glockengießers Johann Ernst Lösch in Crailsheim:

Überschlag

Über die beaugenscheinigte zersprungene drittern Glocken in der Stadt Kirch zu Leutershausen, welche in Gewicht hat ohngefehr 8. Cts. und von der Mitte bis zum Rand der Dickung einen großen Sprung bekommen, kann also solcher Glocken nicht anders abgeholfen werden, was einen Klang und Resonanz haben soll als durch Umgießen, dann wann ein Sprung über der Dickung des Rands hinauf gehet, so verliehrt es seinen Thon, sollte also die Glocken umgoßen werden[78] und nach der Schwere des Gewichts verbleiben so möchten sich die Kosten belaufen wie folgt.

Erstlich wird von mir Endes Unterschriebenen eine Neue Glocken von 8 Ctr. Schwer gegossen, gut und dauerhaft verfertiget und kostet das Pfd. neuer Glocken Preiß 43 kr. oder der Ctr. 71 fl. 40 kr., mit darunter Begrifen der Abgang und Gießerlohn nach der genausten Berechnung mögte betragen nebst Inclusive 3 fl. vor den Gesellen ein Trank Geld. 543 fl. 20 Kr.

77 Anm. Fröhlich: Bd. 48, S. 451.

78 Anm. Fröhlich: Dermals kannte man als einziges Mittel nur den Umguß. Heute würde man die zersprungene Glocke in das Glockenschweißwerk Lachenmeyer in Nördlingen schaffen, wo schon viele alte Glocken durch kunstvolle Schweißung ihren Klang wieder erhalten haben und vor dem Feuertod im Schmelzofen dadurch gerettet wurden. Vgl. Fröhlich. Das Schweißen gesprungener Glocken. Zeitschrift für evangelische Kirchenmusik. 9. Jhrg. Nr. 12 v. Dez. 1931 S. 287 bis 290.

Zweitens Nehme die alte zersprungene Glocken so ohngefehr 8 Ctr. wieget an Zahlungsstatt und zwar das Pfd. vor 30 kr. oder den Ctr. vor 50 fl. An thut 400 fl.
Mögte verbleiben 173. 20 Kr.

Verspreche gute und Probmäßige Arbeit herzustellen und leiste die Gewähr, Haft auf Jahr und Tag.

Crailsheim, den 28. Febr. 1780.
Johann Ernst Lösch, St.- u. Glockengießer.

Unterm 13.4.1780 wurde von der markgräflichen Regierung in Ansbach erlaubt,

> »daß die auf dasigem Stadt Kirchen Thurm schadhaft gewordene Glocke umgegossen werden dürfte, und ist von Amts wegen darauf zu sehen, daß nach den Accord gute Arbeit geliefert und dieserwegen Gewährschaft geleistet werde.«[79]

Die zersprungene Glocke wurde hierauf nach Crailsheim gebracht und dort von Johann Ernst Lösch umgegossen. Die neue Glocke zeichnete sich durch sauberen Guß und tonreiche Metallmischung aus und fügte sich mit ihrem reinen Klang ganz vortrefflich in das Geläute der beiden größeren Glocken ein. In Bd. 48[80] wird unterm 30.1.1781 berichtet, daß…

> »…die schadhaft gewordene Glocke auf den hiesigen Stadt Kirchen Thurn dem Glockengießer Lösch zu Crailsheim zur Umgießung übergeben und von diesem auch vor einigen Tagen die neue Glocke hiehero überliefert worden, welche sowohl an der Arbeit schön ausgefallene und von guter Materie

79 Anm. Fröhlich: Bd. 48, S. 753.

80 Anm. Fröhlich: Bd. 48, S. 465.

zu seyen scheinet, auch mit denen andern Thurn Glocken in Resonance sehr wohl harmoniert.«[81]

Am 25.1.1781[82] und nochmals 30.1.1781 stellte der Heiligenpfleger Leonhard Michael Wegemann die gesamten Kosten wie folgt zusammen[83]:

»Zusammentrag sämtlr. auf die schadhaft gewordene und umgegossene mittlere Glocke auf den hiesigen Stadtkirchen Thurn, verwendeten Kosten.
1781.

Vermög angeschlossene vom Glockengießer Lösch übergebene Specificat: beträgt dessen Forderung von der um- gegossenen und neu hergestellten Glocke, welche vermög unten angefügten Zettel von dem Waagmeister 780 Pfd. wieget, nach Abzug der daran gegebenen alten Glocke, welche lt. bemeldten Waag Scheins 751 Pfd. gewogen, incl. des reparirten Schwengels:
1. 194 fl. 52 Kr.
Dann haben sich bey Herabnehmung der alten und Aufhängung der neuen Glocke, dann jene nach Crailsheim und diese wiederum hieher zu führen, folgende Costen weiteres ergeben. Dem Zimmermeister Altreuter, welcher nebst 7 starken Mann die alte Glocken mit viel Mühe und Gefahr vom

[81] Anm. Fröhlich: Johann Ernst Lösch war ein Meister seiner Kunst. Ich kenne von ihm mehrere wohlklingende Glocken in Mittelfranken und Schwaben. Sie sind meist mit einem sehr geschmackvollen und sauber ausgeführten Weintraubenornament am Obersatz verziert.

[82] Anm. Fröhlich: Bd. 48, S. 747.

[83] Anm. Fröhlich: Bd. 48, S. 767.

Glockenstuhl herausnehmen. und vom Thurn herunter laßen mußten, ist von Arbeits-Taglohn zu bezahlen lt. Scheins:

2. 4 fl. 10 Kr.

Dem Fuhrman David..., welcher die aalte Glocke nach Crailsheim zum umbgießen geführt, wurde Fuhrlohn accordirt:

3. 6 fl.

Auf der Stadt Waag zu Crailsheim wurde vor Abwägung der alten und auch neuen Glocke an Waag Geld und extra Costen bezahlt lt. Scheins

4. et 5. 2 fl. 16 kr.

Dem Joh. Peter Friedlein allhiro ist vor Abholung der neuen Glocke und deren hiehero Transportirung lt. übergebenen Scheins an Fuhrlohn zu zahlen:

6. 6 fl. 30 kr

David..., welcher eine Eichen und einen halbfüdrigen Stamm Weichholz, so zur Reparirung des Glocken Stuhls und schadhafter Thurnböden verbraucht worden, von dem Heiligen Holz bey Auerbach hieher überführt, ist Fuhrlohn zu zalen:

7. 14 fl. 45 kr.

Der Zimmermann Hilpert, welcher den Glocken Stuhl abgebrochen, reparirt und wieder aufgerichtet, dann die Thurn Böden, durch welche die Glocken. hinaufgezogen worden, aufzubrechen und wiederum zuzumachen, dann ein und andern schadhafte Boden Läger und Stiegen auszubessern, hat an Arbeitslohn zu fordern lt. Scheins

8. 4 fl. 30 kr.

Der Schloßer, welcher an den Glocken Stuhl verschiedene in anliegenden Zettel specificirte Schloßer Arbeit gethan, hat zu fordern:

9. 5 fl. 41 Kr.

Der Schreinermeister Christian Schreiber hat neben dem Glocken-Haus etl. Kirchen Stände, damit man mit der alten

Glocken heraus und mit der neuen hinein kommen können 2. mal abgebrochen und wieder aufgerichtet, und vor 10. Arbeitslohn bezalt erhalten:

10. 1 fl. 30 Kr.

Denen Männern, welche die neue Glocke auf den Thurn schaffen helften wurde vor ihrer Mühewaltung miteinander bezalt lt. Scheins:

11. 6 fl. 10 Kr.

Der Heiligen Pfleger Leonh. Michel Wegmann, welcher bei Transportirung der alten Glocken nach Crailsheim mit marschirt um der Abwägung derselben beyzuwohnen, dann bey Abholung der neuen Glocke wiederum dahin reisen und in seiner Gegenwart solche auch abwägen laßen müßen, ist vor seine 2. malige Gäng dahin an Zehrung zu zalen lt. Scheins

12. 2 fl.

Summa 235 fl. 24 Kr.[84]

Leutershausen, d. 30. Jan. 1781.«

84 Anm. Fröhlich: Um das Geld zur Bezahlung des Glockenumgusses aufzubringen, wurde 1780 ein Kapital von 200 fl. aufgenommen und hierüber Verhandlungen am 22.8.1780 (Bd. 48, S. 754) und am 20.9.1780 (Bd. 48, S. 759) gepflogen. Die Bezahlung der Schulden zog sich einige Zeit hin. Am 13.3.1781 wird berichtet, »daß der Glockengießer Lösch von Crailsheim und die Handwerksleute einmal um das andern wegen ihrer Forderungen die Heyligen Pfleg angehen und bezalt sein wollen.«

Schlußwort

»Die Glocken sind die vielseitigsten Kulturdenkmäler der Vorzeit. Sie geben Kunde von dem musikalischen, dem bildnerischen und dem sprachlichen Empfinden unserer Altvordern, dazu dienen sie ihrem erhabenen Zwecke heute so gut, wie vor vielen Jahrhunderten – veralten können sie nicht!«

(Walter, Glockenkunde. S. 13).

Anhang (Hg.)

Zeichnungen und Schriftbilder Fröhlichs

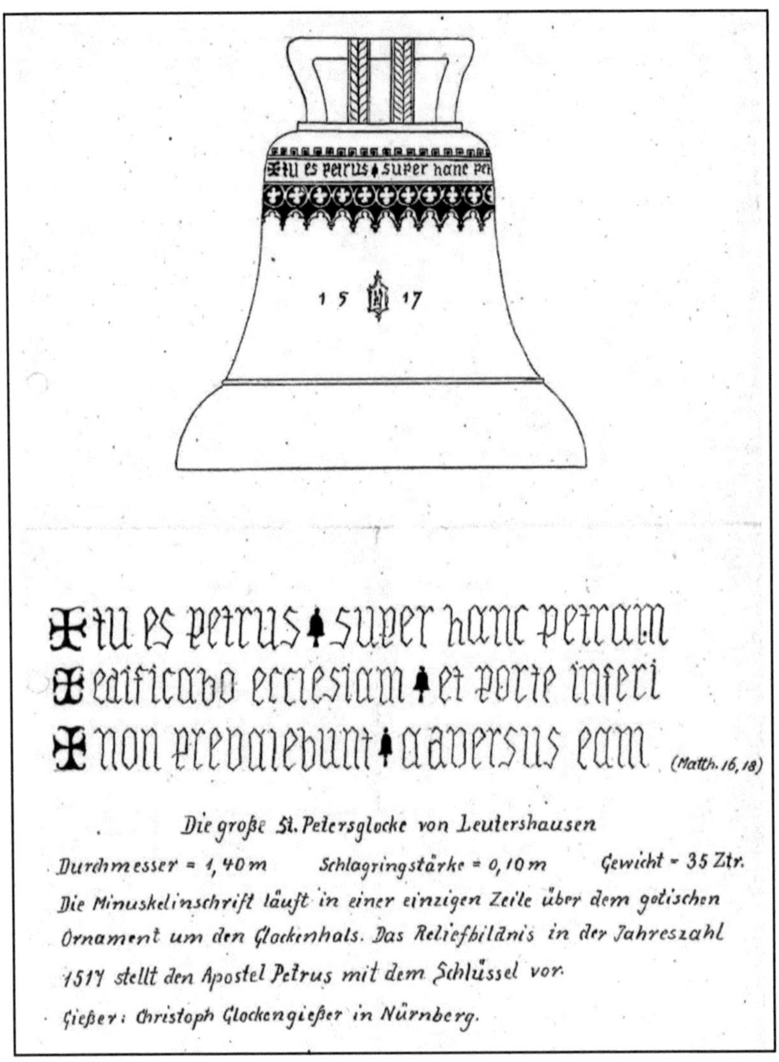

Bild 11: Die große St.-Peter-Glocke, Zeichnung Fr. Fröhlich

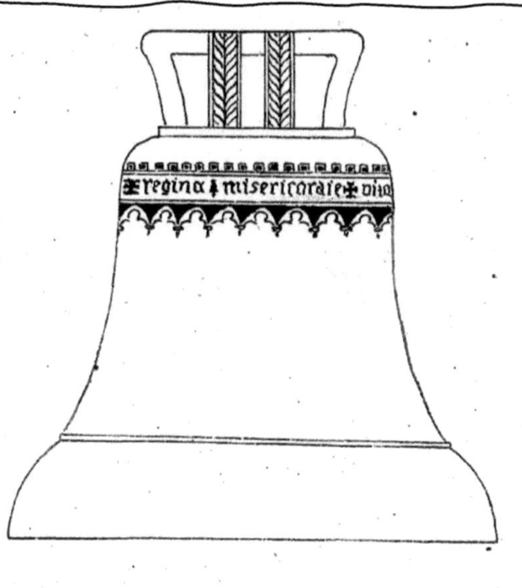

Bild 12: Die 2. Glocke (Marienglocke), Zeichnung Fr. Fröhlich

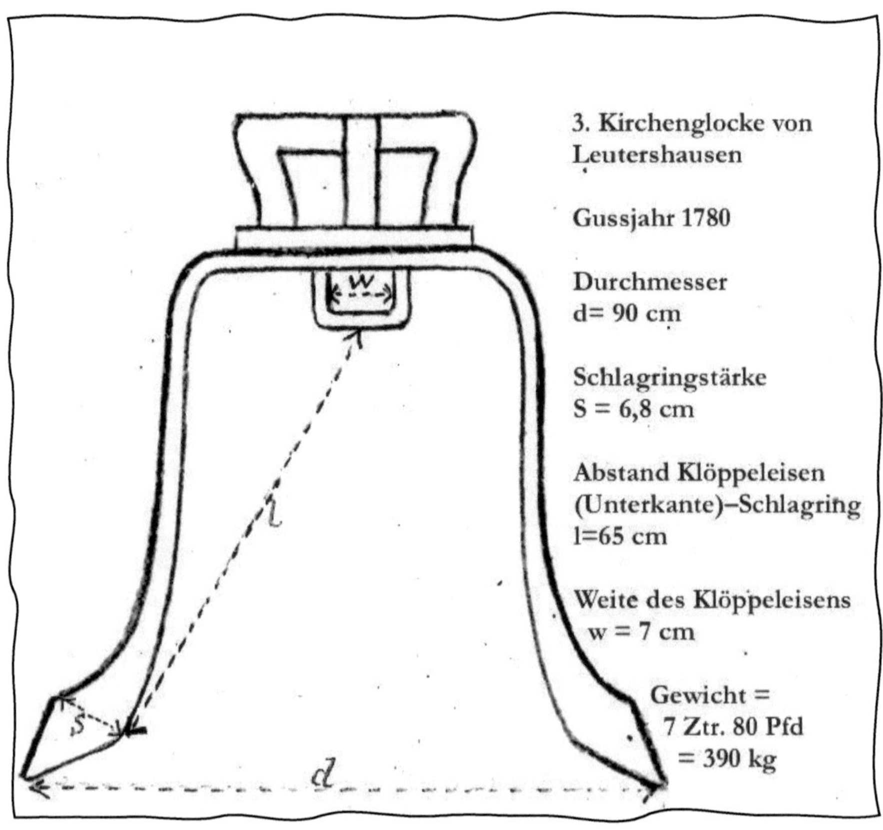

Bild 13: die 3. Glocke, Zeichnung Fr. Fröhlich

Friedrich Fröhlich.
Lehrer u. Kantor.

Bild 14: Schriftzug Friedrich Fröhlich

— 15 —

✝ zu gottes lob und dienst gehor ich
♠ christof glockengießer zu nurnberg gos mich

Die 4. Glocke im Turm der Stadtpfarrkirche zu Lauterhausen hängt unter der großen St. Petersglocke. Sie hat bei 70 cm unterem Durchmesser 5 cm Metallstärke am Schlagring. Die obige Inschrift*) läuft in einer einzigen Zeile um den Glockenhals und wird nach unten durch ein schönes gotisches Ornament begrenzt, bestehend aus gotischen Bögen mit Maßwerk. Stadtvogt Wolfgang Tobias Kleiß berichtete 1757 über diese Glocke: „Die 4te ist auch eine alte Glocke, wann aber solche gegoßen worden und wie viel solche wiegt ist nicht zu finden." Die angegebene Inschrift bekundet, daß die Glocke gleich der großen St. Petersglocke von Christof Glockengießer zu Nürnberg gegossen wurde und somit wohl der 2. Hälfte des 16. Jahrhunderts angehört. Das Gewicht beträgt schätzungsweise 5 Ztr.

Bild 15: Schriftseite (Sütterlin-Handschrift [1] Fr. Fröhlich)

4. Die Taufglocke:

✝ ZV · GOTTES · LOB · VND · DIENST · GEHOR · ICH 🔔 CHRISTOF · GLOCKENGIESSER · ZV · NVRMBERG · GOS · MICH ·

Christoph Glockengießer, von dem mehrere Werke bekannt sind, ist in Nürnberg nachzuweisen um 1580. Sicher stand dieser namhafte Meister in verwandtschaftlicher Beziehung zu dem berühmten Hans Glockengießer, dem Schöpfer der 76 Ztr. schweren Domglocke in Eichstätt. Aus dem gleichen Gießergeschlechte stammte auch Conrad Glockengießer. Diese Meister gehören dem rühmlich bekannten Geschlecht der Rosenhart, gen. „Glockengießer" an, deren Haus stand zu Nürnberg in der Königstraße und hieß noch bis vor nicht allzu langer Zeit „der Glockenstuhl". Höchstwahrscheinlich war es dieselbe Gießerei, aus der auch die große Glocke zu Gaslau hervorging; denn auf deren Hals ist die Umschrift zu lesen: anno · dm · MCCCCXXV · ocb · opus fecit magister petrus · in · nurnberg · am · vor frawen tor et cetera ·ora.

Die sämtlichen Glocken des Geläutes sind sehr sauber gegossen, ihre Inschriften sauber ausgeführt und ihre Verzierungen entsprechen echter kirchlicher Kunst. Die besag. kunstgewerblichen Werke, weshalb sie denn auch vor der Enteignung gem. Verord. v. 1. III. 1917 verschont blieben.

Bild 16: Schriftseite (Sütterlin-Handschrift [2] Fr. Fröhlich)

Hans Wild: Zitat (Heimatbuch 1926, Auszug)

Mehrmals bezieht sich Friedrich Fröhlich auf das 1926 erschienene Heimatbuch seinen Leutershausener Kollegen und Vorgängers Oberlehrer Hans Wild. Im darin enthaltenen Abschnitt über die St.-Peter-Glocken heißt es:

> »Wie wir bereits hörten, schmolzen beim Turmbrande 1517 vier Glocken, die wieder ersetzt werden sollten. Nach der vom Stadtvogt Wolfgang Tobias Weiß 1757 gefertigten Amtsbeschreibung gab es damals[85]
> - eine große Glocke mit 33 3tr. 34 Pfund, zu Nürnberg gegossen,
> - eine mittlere Glocke mit 18 3tr. 52 Pfund, zu Nürnberg gegossen,
> - eine dritte Glocke mit 7 Ztr. 69 Pfund, zu Frommetsfelden gegossen
> - und eine kleinste Glocke (Taufglocke).
>
> Die Gewichtsangabe für die große Glocke stimmt nicht. Sie lieferte 1575 der Glockengießer Christoph von Nürnberg gegen eine von ihm übernommene alte. Letztere wog 23 Ztr. 90 Pfund, während der Wagzettel bei der neuen auf 26 Ztr. 15 Pfund lautete.[86] […]
>
> Die erwachsenen Gesamtkosten betrugen nach der Zusammenstellung des Heiligenpflegers Leonh. Michael Wegemann 235 Gulden 24 Kreuzer.[87] Sie ist heute noch vorhanden, ebenso die übrigen Glocken. Die drei großen Glocken bilden ein wunderschönes, harmonisches Geläute, dessen Grundton zwischen D und Es liegt.«

---

85 STADTARCHIV LEUTERSHAUSEN, Ratsakten, hier Bd. 12 .

86 A. a. O., Bd. 46, S. 142.

87 A. a. O., Bd. 48, S. 743.

Zur Vita von Friedrich Nikolaus Fröhlich

Otto Rohn (1968): Lebensbeschreibung

Gekürzte Fassung (Hg.) eines Beitrags von Dr. Otto Rohn (1986)[88]

Friedrich Fröhlich: »[...] Geboren am 11. September 1892 in Schillingsfürst als Sohn der Eheleute Postexpeditor Friedrich Fröhlich und Klara, geb. Prechtelsbauer, besuchte von 1906 bis 1911 die Präparandenschule und das Lehrerseminar in Schwabach [...]. Es folgten Jahre als Schulpraktikant und Hilfslehrer In Osternohe, Lauf, Schnaittach, Behringersdorf, Heilsbronn, Windsbach und Geslau, dann als Lehrer-, Ober- und Hauptlehrer in Wassermungenau, Leutershausen und Ansbach-Meinhardswinden. Von 1915 bis 1918 stand er beim 10. Bayerischen Infanterieregiment an der Front in Frankreich und Belgien.

Im Oktober 1918 wurde er an die Präparandenschule in Neustadt an der Aisch abgeordnet. [...] Seine besondere Vorliebe galt dem Orgelspiel und den Kirchenglocken in einer ländlichen Umwelt, Gebiete, mit denen er sich vorzugsweise beschäftigt hat. Friedrich Fröhlich hat sich 1920 mit Marie Braun verheiratet, [...] Tochter des Sattlermeisters Adam Braun und seiner Frau Barbara, geborene Gärtner, die aus Neunkirchen bei Leutershausen stammte.

Fröhlichs schriftstellerisches Wirken begann in seinen Wassermungenauer Jahren (1919-1935). Dort schrieb er [...] im Mai 1927 einen Aufsatz über die große Glocke der Stadtpfarrkirche

[88] OTTO ROHN, Friedrich Fröhlich (1892–1971), verdienter Lehrer und Heimatforscher, in: Die Brücke (Heimatverein Leutershausen) 7 (1986) 1, 5–8.

in Gunzenhausen, [...] 1932 eine Aufsatzreihe über die Kirchenorgeln im Kirchenbezirk Windsbach.

1935 wurde Fröhlich als Hauptlehrer und Schulleiter an die Volksschule in Leutershausen versetzt. Das freundliche Altmühlstädtchen und sein Umland dienten ihm nunmehr als Grundlage zu vielen Aufsätzen und kleineren Beiträgen [...], wobei ihm auch das von Kindesbeinen an vertraute Schillingsfürst mit der oberen Wörnitz, der Wasserscheide und dem Kloster Sulz am Herzen lag [...].

Sehr zustatten kam ihm, daß er vortrefflich mit dem Zeichenstift umzugehen wußte. Viele von ihm gefertigte Zeichnungen ergänzen anschaulich seine Texte. Insgesamt sind seine Veröffentlichungen ein Spiegelbild dessen, was er in den verschiedenen mittelfränkischen Orten, in denen er gelebt und gewirkt hat, auf wissenschaftlicher Grundlage mit dem Ziel erarbeitete, es in einer allgemein verständlichen, klaren und volkstümlichen Sprache an seine Schüler und Mitbürger weiterzugeben und bei diesen die Liebe zur Heimat und ihren Menschen zu wecken und zu erhalten. Zu erwähnen ist auch Fröhlichs Mitarbeit an den ›Heimat-Rundbriefen‹, die der Heimatverein Leutershausen und Umgebung Nürnberg e. V. [...] herausgegeben hat.

Im Oktober 1955 ist Fröhlich als Hauptlehrer und Schulleiter an die Waldschule Ansbach-Meinhardswinden versetzt worden. Am 31. Januar 1957 ist er in den Ruhestand getreten. [...] Am 13. Juni 1971 ist Friedrich Fröhlich im Krankenhaus Neuendettelsau gestorben [...]. Ihre letzte Ruhestätte haben die Eheleute Fröhlich im ehrwürdigen Heilig-Kreuz-Gottesacker in Ansbach gefunden. [...]«

Ergänzung 1 (Hg.): 1. Weltkrieg

Die Kriegsranglisten und -stammrollen des Königreichs Bayern, 1. Weltkrieg 1914-1918, führen »Hilfslehrer«, später »Lehrer« Friedrich Fröhlich aus Heilsbronn, später Wassermungenau als Soldat im »10. Bayer. Infanterie-Regiment« auf.[89] Die Einberufung zum Kriegsdienst erfolgte zum 25. Juni 1915.

Im Juli 1915 wird er zu Kämpfen um Tucquegnieux (Lothringen) beordert, von September 1915 an zu Kämpfen »zwischen Maas und Mosel«, u. a. in der »Schlacht bei Verdun, in den »Kämpfen im Argonnenwald«, im »französischen Flandern« (Neuve Chapelle) und in der »Schlacht bei Arras«.

Am 8. August 1917 wird Fröhlich durch einen Splitter an der rechten Hand verwundet. Am 30. September erkrankt er an einer »Nervenerschütterung«[90], hält sich bis 3. Oktober in einem Feldlazarett auf und wird am 1. Oktober 1917 zum Festungslazarett Coblenz, Verwundetenstation II versetzt, wo er vom 4. Oktober bis 5. November 1917 bleibt. Es folgt am 22. Dezember eine Versetzung nach Ingolstadt und Eichstätt zum Wachkommando in den dortigen Kriegsgefangenen-, Offiziers- und

---

89 Band 1171-A, Seite 190, Nr. 502.

90 Vgl. die folgende Erläuterung: »Ein Schlag auf einen Nerv verursacht ein Reiz. Ein sehr starke Nervenerschütterung, z.B. durch die Druckwelle eines Treffers mittels Kraftstoß, kann ggf. auf Umwegen töten. Wenn durch die Erschütterung Atemmuskulatur steuerndes Nervengewebe (im Hirn, im Rückenmark in der Halswirbelsäule, im Zwechfellnerv) lahmgelegt und die folgende Atemlähmung lange genug dauert, um zu ersticken, kann ein Wirbelsäulenstreifschuß auf den Träger (auch als Krellschuß) gegebenenfalls auch töten.« Zitat bei: http://lutz-moeller.net/Ballistik/Wundwirkung.php#Nervenersch%C3%BCtterung (Stand: 6.6.2024).

Arbeits-Lagern. Am 5. Januar 1918 wird Fröhlich vom Kriegsdienst zurückgestellt. Am 31. März 1918 erfolgt die endgültige Entlassung und die Fortsetzung seiner Berufstätigkeit in Wassermungenau.

Im Blick auf seine militärische Führung wird Fröhlich mehrmals ein »sehr gut« bescheinigt.[91] Am 28. November 1916 wird er mit dem Militärverdienstkreuz 3. Klasse (M.V.K. III) ausgezeichnet, am 20. Juli 1917 mit dem Preußischen Eisernen Kreuz 2. Klasse (P.E.K. II). Am 9. Juli 1917 wird er zum Unteroffizier befördert.[92]

Ergänzung 2 (Hg.): NS-Herrschaft

Die Bestimmung des Verhältnisses von Hauptlehrer Fröhlich zur nationalsozialistischen Partei ist naturgemäß komplex. Fröhlich, der in Leutershausen auch als Chorleiter und Dirigent tätig war, geriet gelegentlich musikalisch in problematische Teilhabe, z. B. 1935 bei einem Abend des »Volkbundes für das Deutschtum im Ausland« (VDA) oder 1940 an einer Weihnachtsfeier der NSDAP-Ortsgruppe und der NS-Volkswohlfahrt (NSV) für Bessarabien-Deutsche. Eine Pressemeldung der Fränkischen Zeitung vom 7. Juli 1936 beleuchtet Fröhlichs seinerzeit eingenommene Haltung jedoch deutlicher und macht seine vorübergehende Internierung nach

[91] Kriegsstammrolle 1172-Bd. 2, Seite 249, Nr. 718, ebenso 20967-B. 1, Nr. 55.

[92] Kriegstammrolle 01148-: Bd. 1, Seite 165, Nr. 492.

dem 2. Weltkrieg in das amerikanische CIC-Camp[93] Nr. 9 Hammelburg verständlich. Text-Auszug:

> FZ, 7.7.1936: »Schulungsnachmittag der NSDAP Ortsgruppe Leutershausen. – Im Mittelpunkt [...] stand ein Referat von Hauptlehrer Fröhlich, Leutershausen, über das Thema: Rassenpflege oder Eugenik? [...] Den Beweis für die Notwendigkeit der Erbgesundheitspflege erbrachte der Referent durch ein erschütterndes Zahlenmaterial aus dem Kapitel der Erbkrankheiten. [...] Der zweite Teil des Referates setzte sich mit der Rassenpflege auseinander. [...] An Beispielen aus der deutschen Geschichte wurde gezeigt, wie die Uneinigkeit der Deutschen, wie verheerende Kriege und Auswanderung der Edelsten unseres Volkes die Entnordung begünstigten. [...] Des weiteren beleuchtete Hauptlehrer Fröhlich die Schäden der Rassenvermischung. [...]«

Ergänzung 3 (Hg.): Geburt, Heirat, Tod

1. Taufe (Schillingsfürst / Frankenheim[94]:

Friedrich Nikolaus Fröhlich, geboren am 11. September 1892 morgens um 6:30 Uhr, 3. Kind von Postexpeditor Friedrich Fröhlich, evang., aus Frankenheim Haus-Nr. 150, Bez.-Amt Rothenburg o. d. T., und Kunigunde Klara geb. Prechtelsbauer, evang., wurde durch Pfarrer Christian Seiler am Montag, 26. September in Frankenheim getauft. Paten: a) Nikolaus Fröhlich, Haus- und Speisemeister im Lehrerseminar in Altdorf,

93 Counter Intelligence Corps (Spionageabwehrkorps).

94 Vgl.: Evang.-Luth. Kirchengemeinde Frankenheim / Schillingsfürst, Kirchenbucheintrag zur Taufe von Friedrich N. Fröhlich. www.archion.de (Taufbuch Band 1891–1944) 1892, Seite 8, Nr. 20.

katholisch; b) [stellvertretend] Babette Bohnhard, Lehrersgattin zu Frankenheim, evang.

2. Trauung (Leutershausen)[95]:

Friedrich Nikolaus Fröhlich, Lehrer und Kantor in Wassermungenau; Babette Maria Braun, geb. 14. Okt. 1891 »in Leutershausen«, »bisheriger Wohnort Leutershausen« (Vater: Adam Braun, Sattlermeister in Leutershausen †; Mutter: Babette, geb. Gäst, evang.). Trauung: 29. Juni 1920 um 12:30 Uhr in der »Stadtkirche«, Geistlicher: Pfr. [Christian] Schmerl aus Jochsberg. Ehewohnsitz: Wassermungenau. Trauzeugen: 1. Friedrich Fröhlich, Postexpeditor, Schillingsfürst; 2. Gärtner, Bezirksschulrat in Büchenbach.

3. Bestattung (Ansbach)[96]:

1. *Friedrich* Nikolaus Fröhlich, »Hauptlehrer i. R.«, zuletzt wohnhaft in Ansbach, Finkenstraße 1 [= Stadtteil Meinhardswinden], wurde im Alter von 78 Jahren und 9 Monaten am 16. Juni 1971 um 14 Uhr auf dem Ansbacher Stadtfriedhof durch Pfarrer Morath beerdigt. Gestorben war er im Krankenhaus Neuendettelsau am 13. Juni vormittags um 10 Uhr. Predigttext zur Beerdigung: Jesaja 31, 1:

»Fürchte dich nicht, denn ich habe dich erlöst;

---

[95] Vgl. EVANG.-LUTH. KIRCHENGEMEINDE LEUTERSHAUSEN, Kirchenbucheintrag zur Trauung von Friedrich N. Fröhlich. www.archion.de (Trauungsbuch 1897–1949) 1920, Seite 94, Nr. 19.

[96] Vgl.: EVANG.-LUTH. KIRCHENGEMEINDE CHRISTUSKIRCHE ANSBACH, Kirchbucheintrag zur Bestattung von Friedrich N. Fröhlich. www.archion.de (Beerdigungsbuch 1962–1987) 1971, Seite 31, Nr. 3.

ich habe dich bei deinem Namen gerufen;
du bist mein!«

2. Ehefrau Marie Fröhlich[97], geb. Braun, »ohne Beruf, verw.«, wohnhaft in Ansbach, Finkenstraße 1 [= Stadtteil Meinhardswinden], starb im Alter von 88 Jahren und 4 Monaten am 21. März 1980 in Neuendettelsau [Krankenhaus?]. Sie wurde am 25. März 1980 von Pfarrer Morath auf dem Stadtfriedhof Ansbach bestattet. Predigttext zur Beerdigung: 1. Joh. 5,12:

»Wer den Sohn hat, der hat das Leben;
wer den Sohn Gottes nicht hat, der hat das Leben nicht.«

[97] Vgl. dass., Kirchbucheintrag zur Bestattung von Babette Fröhlich, geb. Braun. www.archion.de (Beerdigungsbuch 1962–1987) 1980, Seite 66, Nr. 2.

Sachregister (Hg.)

Literaturhinweise (Fr. Fröhlich / Hg.)

Hinweis: Friedrich Fröhlich hat kein eigenes Literaturverzeichnis angelegt, sondern hat Literaturangaben an entsprechender Stelle im laufenden Text genannt. Darauf aufbauend und um eine Reihe weiterer Titel ergänzt wurde die folgende Liste vom Hg. hinzugefügt:

AUFSBERG, THEODOR u. AUG. LUTZ: Der Glockenguß in Lauf (Durch Mittelfranken. Sagen u. Geschichten aus mittelfränk. Orten u. Gauen. Der Jugend erzählt).

BOSSERT, GUSTAV: Die Glocken Nürnberger Meister im nördlichen Württemberg (Mitteilungen des Vereins für die Geschichte der Stadt Nürnberg 6) 1886.

EVANG.-LUTH. KIRCHENGEMEINDE CHRISTUSKIRCHE ANSBACH: Kirchbucheintrag zur Bestattung von Friedrich N. Fröhlich. www.archion.de (Beerdigungsbuch 1962–1987) 1971, Seite 31, Nr. 3.

dass.: Kirchbucheintrag zur Bestattung von Babette Fröhlich, geb. Braun. www.archion.de (Beerdigungsbuch 1962–1987) 1980, Seite 66, Nr. 2.

EVANG.-LUTH. KIRCHENGEMEINDE FRANKENHEIM / SCHILLINGSFÜRST: Kirchenbucheintrag zur Taufe von Friedrich N. Fröhlich. www.archion.de (Taufbuch Band 1891–1944) 1892, Seite 8, Nr. 20.

EVANG.-LUTH. KIRCHENGEMEINDE LEUTERSHAUSEN: Archiv / Registratur von Kirchengemeinde und Dekanat .

dass.: Kirchenbucheintrag zur Trauung von Friedrich N. Fröhlich. www.archion.de (Trauungsbuch 1897–1949) 1920, Seite 94, Nr. 19.

FRANKE, EMIL: Nürnbergs berühmte Glockengießer im Mittelalter: Die Familie Keßler-Glockengießer, in: Fränkischer Kurier (1.10.1927) 301.

FRÄNKISCHER KURIER: Das Leonhardispital zu Lauf a. P. Eine Gründung der Nürnberger Glockengießerfamilie Keßler 1928.

FRÖHLICH, FRIEDRICH: Ein Besuch bei der »Deutschen Glocke am Rhein«, in: Windsbacher Kirchenbote 7 (1926) 10.

ders.: Die Glocken von Schwabach, in: H. Krauß (Hrsg.), Stadt und Bezirk. Schwabacher Heimatbuch 1930-33, 12–18.

ders.: Das Schweißen gesprungener Glocken, in: Zeitschrift für evangelische Kirchenmusik 9 (1931) 12, 287–290.

ders.: Die Glocken auf dem Südturm der Stiftskirche in Feuchtwangen, in: Heimatkunde: Monatl. Beilage zum »Bayer. Grenzboten« (1931 und 1932) Nr. 4 (15.4.1932) und Nr. 10 (15.10.1931).

ders.: Der Glockenguss zu Frommetsfelden, in: Der Bergfried (1951) 3, 34 ff.

KNOELLINGER: Geschichtliches vom Krankenhaus Schwabach, in: Schwabacher Heimatbuch Bd. 2.

KRAUß, H.: Schwabacher Heimatsammelmappe, 1923. 1923.

KREPPEL, OTTMAR: Der Galgen vor dem Frauentor, in: Fränkischer Kurier (16.10. 1928).

LANG, PAUL: Schnurren und Schwänke aus Bayern. Ein lust. Volksbuch f. jung u. alt, Bamberg [3]1929.

MINISTERIUM FÜR LANDESVERTEIDIGUNG: Verordnung: Inanspruchnahme von Glocken für Kriegszwecke (Reichsgesetzblatt für die im Reichsrate vertretenen Königreiche und Länder) 1917-05-22.

MUMMENHOFF, ERNST: Gesammelte Aufsätze und Vorträge, Nürnberg 1931.

ROHN, OTTO: Der Historiker Dr. Helmut Weigel und die Frankenhöhe, in: Die Brücke (Heimatverein Leutershausen) (1985) Bd 6 / 2.

ders.: Friedrich Fröhlich (1892–1971), verdienter Lehrer und Heimatforscher, in: Die Brücke (Heimatverein Leutershausen) 7 (1986) 1, 5–8.

SAUER, KARL: Geschichte der Stadt Lauf, Lauf 1898.

STADTARCHIV LEUTERSHAUSEN: Stadtbücher und Ratsakten .

WALTER, KARL: Kleine Glockenkunde. Praktisches Handbuch für Kirchenvorstände u. Kirchenmusiker (Sammlung Kirchenmusik 13), Regensburg 1916.

WILD, HANS: Heimatbuch für Leutershausen und Umgebung, Leutershausen 1926.